살면서 꼭 한 번은
목민심서

살면서 꼭 한 번은

목민
심서

임성훈 지음

다른
상상

철저하게 백성의 편에서 쓴, 목민관을 위한 지침서

다산 정약용(1762~1836)은 조선 후기를 대표하는 실학자다. 정조의 총애를 받으며 관료 생활을 시작했지만, 천주교에 관심을 가진 탓에 벽파의 박해를 받아 1801년부터 1818년까지 장기와 강진에서 유배 생활을 했다. 다산은 생전에 500여 권의 저술을 남겼는데,《목민심서》는 그의 학문이 완숙한 시기, 유배 생활에서 풀려나던 1818년에 완성했다.

《목민심서》는 당시 조선 지방 행정의 실상을 고발하고, 수령이 지켜야 할 지침을 밝힌 책이다. '세상에, 이럴 수가 있나' 하는 생각이 들 정도로 부패의 극에 달한 관리들의 실상을 적나라하게 밝혔다. 다산은 어려서부터 여러 고을의 수령을 지낸 부친을 통해 지방의 사정을 알 수 있었고, 33세에는 자신이 경기도 암행어사를 지내며 민생을 살필 수 있었다. 무엇보다 강진에서 유배 생활을 하는 동안 백성들과 가까이 호흡하면서 생생한 체험을 했다. 그는 이에 대해 다음과 같이 전했다.

"여기는 남쪽의 변방, 멀리 떨어진 곳이라 전답의 조세 부과 징수에 있어서 간사하고 교활한 아전들의 행위로 인한 폐단이 어지럽게 일어나고 있다. 내가 이미 몸이 비천하기 때문에 듣는 것이 매우 상세하다."

제목의 '목민(牧民)'은 '백성을 다스린다'라는 뜻이며, '심서(心書)'는 다산 자신이 목민하려는 마음은 있지만 '실제로는 실행할 수 없었기 때문에 마음속으로만 생각한 글'이라는 뜻이다. 다산은 백성을 다스리는 것은 백성을 기르는 것이고, 백성을 기르기 위해서는 자신을 먼저 길러야 한다고 보았다. 즉, 군자의 배움은 자신의 수양이 반이고, 목민이 반이라고 생각했다.

그는 목민관들이 자신의 몸과 마음을 닦고 학문에 정진할 것을 강조했다. 이런 생각은 율기(律己)편에서 자세히 볼 수 있다. 또한, 철저하게 백성들의 편이었나. 책 곳곳에서 목민관이 어떻게 하면 백성들이 괴로운지, 무엇을 피해야 하는지, 백성들을 위한다면 어떻게 해야 하는지 세세하게 밝혀놓았다.

《목민심서》는 총 12편으로 구성돼 있다. 부임(赴任, 수령이 고을에 부임하는 절차), 율기(律己, 수령이 자신의 몸을 단속하는 것), 봉공(奉公, 나라를 위해 이바지하는 것), 애민(愛民, 백성을 사랑하는 것), 이전(吏典, 인사관리), 호전(戶典, 토지 및 조세관리), 예전(禮典, 제사나 손님맞이 등), 병전(兵典, 군사관리), 형전(刑典, 형벌의 관리), 공전(工典, 공공자원과 시설관리), 진황(賑荒, 굶주린 백성의 구호), 해관(解官, 임지를 떠날 때 지켜야 할 일). 각 6조로, 모두 72조이다.

《목민심서》는 기본적으로 올바른 마음으로 백성을 다스려야 할 지방관들을 위한 책이다. 공직에 몸담은 분들이 이 책을 읽어보기를 바란다. 그리고 크고 작은 조직을 이끌어가는 리더들에게도 도움이 될 것이다. 리더의 관점에서 조직을 건강하게 운영하고 성장시키려면 무엇이 필요한지 아이디어를 얻을 수 있을 것이다. 또한, 제목만 들어보았던 책의 내용을 알고 싶은 독자들에게도 도움이 될 것이다.

　이 책은 방대한 분량에서 전체의 맥락을 이해할 수 있는 중요한 내용을 중심으로 초역(抄譯, 필요한 부분만 뽑아내어 번역)했다. 이를 통해서 《목민심서》의 뼈대를 세우고, 맑은 마음을 닦으며 차근차근 읽어보는 것도 좋을 것이다.

　이 책이 나오기까지 변함없는 사랑과 응원을 보내준 가족들에게 사랑과 고마움을 전한다.

2022년 임성훈

차례

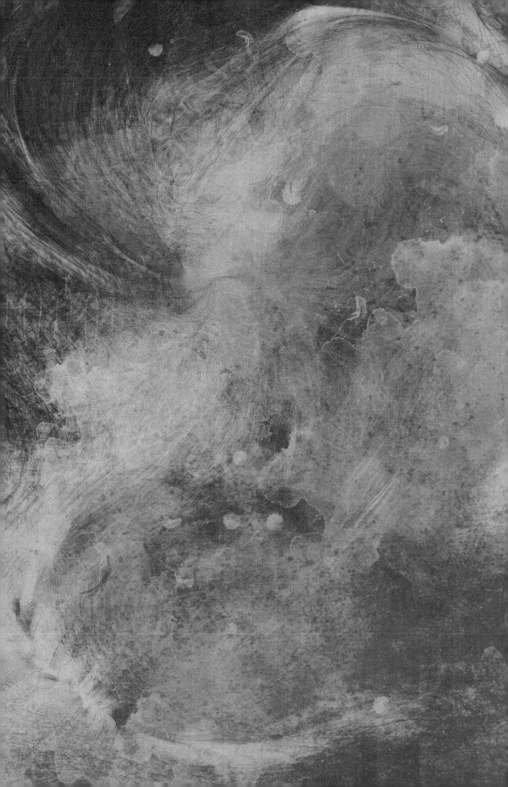

올바른 초심을 세우려면

부임육조 赴任六條

'부임(赴任)'은 수령이 임지에 가는 것을 말한다.
수령이 고을에 부임하는 절차와 명심해야 할 사항에 대해
여섯 가지 조항으로 나누어 설명했다.
제1조 제배(除拜)는 수령으로 임명되는 것,
제2조 치장(治裝)은 부임할 때의 행장,
제3조 사조(辭朝)는 임금에게 올리는 하직 인사,
제4조 계행(啓行)은 부임 행차할 때의 태도,
제5조 상관(上官)은 부임한 관청에 처음 출근하는 것,
제6조 이사(莅事)는 실무를 시작하는 것이다.

제1조 제배(除拜) : 수령으로 임명되다

능력과 덕망이 없으면
목민관이 되지 말아야 한다

他官可求 牧民之官 不可求也
타 관 가 구 목 민 지 관 불 가 구 야

다른 벼슬은 구해도 좋으나, 목민관은 구해서는 안 된다.

　조선시대의 벼슬은 중앙에서 봉직하는 경관직과 지방에서 근무하는 외관직이 있었다. 수령은 외관직으로, 백성들과 직접 부대끼면서 크고 작은 일을 처리해야 했다. 권력의 중심부에서 떨어져 있기에 그만큼 재량의 범위가 넓었다. 덕망이 있고 능력이 뛰어난 사람이 수령이 되면 백성들이 그 덕을 보겠지만 그 반대의 경우, 백성은 곤궁하고 고통스러워질 수밖에 없었다. 다산은 수령이 다른 벼슬에 비해 백성의 생활에 더 직접적인 영향을 미치는 점을 생각해, 능력과 덕망이 부족한 사람은 애초에 수령이 되지 말아야 한다고 했다.

재물을 함부로 베풀지 않는다

除拜之初 財不可濫施也
제 배 지 초 재 불 가 남 시 야

임명된 직후에 재물을 함부로 베풀지 말아야 한다.

수령이 관직에 임명되기 전에 스스로 돈을 많이 벌지는 못했을 것이다. 과거 공부를 하느라 부모에게 생활비를 얻어 쓰고, 주변 사람에게도 신세를 졌을 것이다. 아직 녹을 받지도 않은 상태에서 관직에 임명되었다고 기분이 좋아 재물을 함부로 베풀면, 결국 그 돈은 백성들이 메꿔야 했다. 자기 돈을 써도 문제지만 고을의 재물을 함부로 쓰면 더 큰 문제다. 공직은 자기 한풀이를 하는 수단이 아니다.

부임여비를 백성에게 거두지 말아야 한다

邸報下送之初 其可省弊者 省之
저 보 하 송 지 초 기 가 생 폐 자 성 지

新迎刷馬之錢 旣受公賜 又收民賦
신 영 쇄 마 지 전 기 수 공 사 우 수 민 부

是匿君之惠而掠民財 不可爲也
시 닉 군 지 혜 이 략 민 재 불 가 위 야

저보(邸報, 통지문)를 내려보낼 때 폐해를 덜 수 있는 것은 덜어내야 한다.
(수령이) 새로 부임할 때 쇄마전을 이미 관에서 받았음에도 다시 백성에게
거둔다면 이것은 임금의 은혜를 감추고 백성의 재물을 빼앗는 것이니, 그래
서는 안 된다.

저보(邸報)는 경저리(京邸吏, 중앙과 지방 관아 사이 공무 담당을 위해 지방
수령이 서울에 파견한 관리)가 수령의 임명을 알리는 통지문이다. 새로 수
령이 온다고 관사를 수리하거나 멀쩡하게 쓸 수 있는 물건을 새로 사
는 것과 같이 비용을 낭비하는 폐해가 일어나지 않도록 해야 했다. 쇄
마전(刷馬錢)은 각 지방에서 공무를 위해 제공하는 말을 빌리는 데 필
요한 돈이다. 즉, 부임할 때 들어가는 비용이다. 이런 비용을 국가에
서 이미 받고도 백성들에게 따로 받는다면 수령이 아니라 도둑이다.

제2조 치장(治裝) : 부임할 때 행장

행장은 간소하게 한다

治裝 其衣服鞍馬 竝因其舊 不可新也
치 장 기 의 복 안 마 병 인 기 구 불 가 신 야

행장을 차릴 때 의복과 안장을 얹은 말은
모두 옛것을 그대로 쓰되 새로 마련해서는 안 된다.

　수령으로 부임하러 길을 떠날 때 옷이나 탈 것 등을 새로 구하려면 비용이 든다. 임명 후에 녹봉도 받지 않은 상황에서 그런 것을 마련하려고 하면 빚을 지거나, 주변 사람에게 손을 벌리거나, 세금에서 충당해야 한다. 공직자의 기본은 검소함이다. 검소하지 않으면 돈이 필요하고, 돈이 필요하면 청렴함을 지키기 어렵다. 첫 부임 때부터 검소한 태도를 가져야 흔들림이 없다. 검소함은 공직자들에게 자신을 위해서나 주변 사람을 위해서나 꼭 필요한 덕목이다.

동행하는 사람은 적게 한다

同行者 不可多
동 행 자 불 가 다

동행하는 사람이 많아서는 안 된다.

임지로 갈 때 동행이 많으면 비용이 많이 든다. 이동에 필요한 말이나 가마가 필요하고, 매 끼니에도 비용이 들어간다. 중간에 쉬어가려면 숙박비도 들 것이다. 임지에 도착해서도 측근에 사람이 많으면 부정한 청탁이 들어올 위험이 더 커진다. 조선시대 기준으로는 가족과 꼭 필요한 노비 정도로만 동행하는 사람을 제한해야 한다는 말이다.

이 말은 높은 위치에 올랐을 때 자기 사람만을 주변에 두지 말아야 한다는 뜻으로도 해석할 수 있다.

청렴한 선비의 짐은 책이 가장 많다

衾枕袍襺之外 能載書一車 淸士之裝也
금 침 포 견 지 외 능 재 서 일 거 청 사 지 장 야

이부자리, 베개와 도포, 솜옷 이외에

책을 한 수레 싣고 부임하면, 청렴한 선비의 행장이라 할 수 있다.

과거에 합격했다고 해서 손에서 책을 놓아버리는 사람은 선비라
할 수 없다. 시험 합격과 동시에 책과 거리를 두는 사람은 인격을 수
양하기 위해서가 아니라 출세를 위해서 공부를 한 것이다. 수령으
로 부임해서 부정을 저지르고 사사로이 많은 재물을 챙길 사람은 미
리 알 수 있었다. 그들은 나중에 해임된 후에 책마저 짐이 된다고 여
긴다. 이런 사람이 수령이 되어서는 그 고을의 정사가 제대로 돌아갈
리가 없었을 것이다.

제3조 사조(辭朝) : 임금에게 하는 하직 인사

하직 인사할 때 자신을 낮춘다

旣署兩司 乃辭朝也
기 서 양 사   내 사 조 야
歷辭公卿臺諫 宜自引材器不稱 俸之厚薄 不可言也
역 사 공 경 대 간   의 자 인 재 기 불 칭   봉 지 후 박   불 가 언 야

양사(兩司, 사간원과 사헌부)의 서경(署經, 관직임명에 대한 양사의 동의 절차)이
끝나면 임금에게 하직 인사를 드린다.
두루 공경(公卿, 대신과 재상)과 대간(臺諫, 대신, 사헌부와 사간원의 관원)에게
하직 인사를 할 때 스스로 재주와 기량의 부족함을 말할 것이요, 봉록이 많
다 적다 말해서는 안 된다.

중앙에서 하직 인사를 하고 부임지로 갈 때 봉록이 많다 적다 말하
는 사람은 분명 수령으로 부임한 후에 자기 욕심을 채우려고 할 것이
다. 오늘날에도 공공연히 자기 연봉이 많다 적다 말하는 사람은 자기가
맡은 업무보다는 처우에 더 큰 관심을 가진다. 자기 업무에서 개선해야
할 것이 무엇인지, 자기의 어떤 역량을 더 개발해야 할지 고민하기보다
더 좋은 조건으로 편하게 일할 수 있는 곳이 없나 기웃거릴 것이다.

감사의 말을 하지 않고
사사로움을 멀리한다

歷辭銓官 不可作感謝語
역 사 전 관 불 가 작 감 사 어

전관에게 들러 하직 인사를 할 때 감사하다는 말을 해서는 안 된다.

전관(銓官)은 이조의 당상관이나 병조판서 등 관리를 추천하고 임명할 수 있는 지위에 있는 인사담당관이다. 인사(人事)는 적절한 자격을 갖춘 사람을 그에 맞는 자리에 뽑는 것으로, 공정함이 가장 중요하다. 그런데 하직 인사를 하면서 '감사하다'라고 말한다면, '내가 능력이 부족한데 뽑아주셔서 감사합니다'라는 셈이 된다. 인사에 사사로운 감정이 개입될 여지가 있는 말과 행동은 애초에 하지 말아야 한다.

부임 길에 백성과 임금을 생각한다

新迎吏隷 至其接之也 宜莊和簡默
신 영 이 예 지 기 접 지 야 의 장 화 간 묵
辭陛出門 慨然以酬民望報君恩 設于乃心
사 폐 출 문 개 연 이 수 민 망 보 군 은 설 우 내 심

신임 수령을 맞으러 아전과 하인이 오면

그들을 접대함에 마땅히 장중하고, 온화하고, 간결하며, 과묵하게 해야 한다.

임금을 하직하고 궐문 밖을 나서면

개연히 백성들의 소망에 부응하고 임금의 은혜에 보답할 것을 마음으로 다

짐해야 한다.

새로 수령이 부임하면 우두머리가 되는 아전들이 고을의 현황이
기록된 읍총기(邑摠記)를 바치게 되어 있었다. 그 안에는 고을의 이권
이 되는 사업이나, 사사로운 이익을 취할 수 있는 방법이 기록되어 있
었다. 수령이 이런 것을 바칠 때는 눈길도 주지 않고 아무런 대꾸도
하지 않다가 다음 날 부임하는 고을의 어려운 점이 무엇인지, 백성들
에게 필요한 것이 무엇인지 물으면 아전들도 수령을 다시 보게 된다.
수령이 삿된 이익에 관심을 보이면 아전들의 농간에 빠져들게 된다.

제4조 계행(啓行) : 부임 행차

부임 길에 간결하고 과묵하게 처신한다

啓行在路 亦唯莊和簡默 似不能言者
계 행 재 로 역 유 장 화 간 묵 사 불 능 언 자

부임하는 길에 있어 또한 정중하고, 화평하며, 간결하고, 과묵하기를
마치 말을 하지 못하는 사람처럼 한다.

　부임 길에는 식사도 간결하게 하고, 행차도 검소하게 하는 것이 좋
다. 부임 행차부터 화려하게 하는 수령은 사람들에게 실질보다는 겉
모습에 신경 쓴다는 인상을 줄 수 있다. 아전들은 그런 수령을 맞이
할 때면 돈이나 물질로 구워삶을 수 있을 만한 위인이라고 코웃음을
칠 것이고, 백성들은 세금을 더 많이 거두어가지는 않을까 걱정할 것
이다. 화려한 행차는 부정부패의 씨앗을 뿌리는 것과 같다.

미신과 불합리한 관행을 없앤다

道路所由 其有忌諱 舍正趨迂者 宜由正路
도 로 소 유　기 유 기 휘　사 정 추 우 자　의 유 정 로
以破邪怪之說
이 파 사 괴 지 설
癖有鬼怪 吏告拘忌 宜竝勿拘 以鎭煽動之俗
해 유 귀 괴　이 고 구 기　의 병 물 구　이 진 선 동 지 속

지나가는 길에 미신 때문에 피하고 꺼리는 것이 있어

제 길을 버리고 먼 길로 돌아가는 일이 있으면

마땅히 정로(正路)로 지나감으로써 간사하고 괴이한 말을 타파해야 한다.

관청에 귀신과 요괴가 있다고 하거나 아전들이 금기를 고해도

마땅히 아울러 구애받지 말고 현혹된 습속들을 진정시켜야 한다.

예나 지금이나 공직자들을 한자리에 두지 않고 전환 배치하는 것은 새로 온 사람이 새로운 시각으로 일을 처리하고 기풍을 쇄신하기를 바라기 때문이다. 새로 부임하는 수령이 미신을 따르지 말고, 의연하게 대처하여 타파하라는 의미도 있지만, 미신뿐만 아니라 과거의 불합리한 관행이나 악습도 잘 관찰해서 하나하나 없애야 한다는 의미로 확장해서 읽을 수도 있다. 새로운 직무를 맡으면 전임자의 관점에만 얽매이지 말고 새로운 관점으로 바라보아야 할 것이다.

선배 수령에게 지역을
다스리는 법을 배운다

歷入官府 宜從先至者 熟講治理 不可諧謔竟夕
역 입 관 부 의 종 선 지 자 숙 강 치 리 불 가 해 학 경 석
上官前一夕 宜宿隣縣
상 관 전 일 석 의 숙 린 현

지나다 들르는 관부에서는 마땅히 선배 수령들을 좇아 다스리는 이치를 깊
이 의론해야지, 농지거리로 밤을 지새워서는 안 된다.
부임 전 하룻밤은 마땅히 이웃 고을에서 자야 한다.

수령으로 부임하기 전에 인근 고을의 수령을 만나 동료로서 허심
탄회하게 그 지역의 특징이나 풍속, 특이사항에 대해 파악하는 것이
중요하다. 어떤 일을 새로 맡았을 때 전임자나 조언을 얻을 수 있는
사람들을 만나 견문을 넓히면 업무에 도움이 된다. 일은 결국 사람을
통해 사람이 하는 것이다. 누가 여론에 큰 영향을 주는 사람인지, 누
가 어떤 정보를 갖고 있으며, 어떤 영향력이 있는지 미리 알아두어야
한다.

제5조 상관(上官) : 부임한 관청에 첫 출근

부임할 때 택일하지 않는다

上官不須擇日 雨則待晴可也
상 관 불 수 택 일 우 즉 대 청 가 야

부임할 때에 날을 받을 필요는 없다.
다만 비가 오면 날이 개기를 기다리는 것이 좋다.

날을 받아 부임일을 정하거나 풍수지리를 따진다거나 하는 것은
개인적으로 심리적인 위안이 될 수도 있다. 하지만 같이 일할 부하들
이 그런 사실을 알게 된다면 웃음거리가 된다. 개인적인 믿음과 별개
로 공직을 수행할 때는 모든 일에 이성과 합리적인 원칙을 근거로 해
야 한다. 자기가 모시는 상관이 미신에 빠져 있다고 생각하면, 아랫
사람들은 그 사실을 이용해서 상관의 환심을 얻으려 하거나, 자기가
원하는 것을 취하려 할 것이다.

지체하지 말고 관원들과 인사한다

乃上官 受官屬參謁
내 상 관   수 관 속 참 알

곧 등청하여 고을 관리들의 인사를 받는다.

새롭게 직책을 얻으면 최대한 빨리 그 자리에 가서 함께 일할 사람들의 인사를 받고, 크고 작은 업무에 차질이 없도록 해야 한다. 부임하고 바로 모든 업무를 다 챙길 수는 없으니, 시급성과 중요도에 따라 당장 보고할 것과 시간을 두고 처리할 사안을 구분하라고 지시하는 것이 현명하다. 업무 이외에 관청 건물이나 주변 환경, 물건들에 대해 좋다, 나쁘다 이야기하면 관리들의 신경이 그쪽에 쏠리게 되니 언급하지 않는 것이 좋다.

본격적인 업무 시작 전에 해야 할 일

參謁旣退 穆然端坐 思所以出治之方 寬嚴簡密
참 알 기 퇴　목 연 단 좌　사 소 이 출 치 지 방　관 엄 간 밀
預定規模 唯適時宜 確然以自守
예 정 규 모　유 적 시 의　확 연 이 자 수

인사 후 관원들이 물러가면
단정히 앉아 백성을 다스릴 방도를 생각해야 한다.
너그럽고, 엄숙하고, 간결하고, 치밀하게 규모를 미리 정하되,
오직 때에 맞도록 할 것이며, 굳게 스스로 지켜야 한다.

　새로운 직책을 맡으면 본격적으로 업무를 시작하기 전에 홀로 고요하게 앉아 생각을 가다듬는 시간을 가지는 것이 좋다. 이동한 첫날부터 연회를 하거나 시끌벅적하게 사람들을 만나고 다니면, 스스로 조용하게 생각할 시간이 없다. 수령으로서 어떻게 고을을 다스려갈지 방향을 생각하고, 자신의 장단점을 잘 살펴야 한다. 앞으로 자신의 어떤 장점을 발현할 것인지, 어떤 단점이 드러나지 않도록 할 것인지 정리하는 시간이 필요하다.

제6조 이사(莅事) : 실무를 시작함

고을의 문제가 무엇인지 파악한다

厥明開坐 乃莅官事 是日 發令於士民 詢瘼求言
궐 명 개 좌 내 이 관 사 시 일 발 령 어 사 민 순 막 구 언
是日 有民訴之狀 其題批宜簡
시 일 유 민 소 지 장 기 제 비 의 간

이튿날 새벽에 개좌하여 일을 시작한다.
이날 사족(士族)과 백성들에게 영을 내려 무엇이 고을의 민폐인지 묻고 진언
을 구한다.
이날 백성들의 소장(訴狀)이 들어오면 그 판결하는 글을 간결하게 한다.

'개좌(開坐)'는 '출근해서 사무를 보는 것'을 말한다. 수령이 첫날 해야
할 일은 지금까지 그 고을의 폐해가 무엇인지, 시급하게 고쳐야 할 것
이 무엇인지 의견을 들어보는 것이다. 어떤 직책을 맡더라도 그간에
어떤 문제점이 있었고, 당장 급하게 개선이 필요한 것이 무엇인지 파
악하는 것은 중요하다. 그렇게 상세한 사정을 파악하지 않으면, 시간
이 지나면서 눈과 귀는 어두워지고 아전들의 농간에 넘어가기 쉽다.

약속을 분명하게 한다

是日發令 以數件事 與民約束 遂於外門之楔 特懸一鼓
시 일 발 령 이 수 건 사 여 민 약 속 수 어 외 문 지 설 특 현 일 고
官事有期 期之不信 民乃玩令 期不可不信也
관 사 유 기 기 지 불 신 민 내 완 령 기 불 가 불 신 야

이날 영을 내려 백성들에게 몇 가지 일로써 약속하고,
관아 바깥 기둥에 특별히 북 하나를 달아둔다.
관청의 일은 기한이 있는데, 기한을 지키지 않는 것은 백성들이 명령을 희
롱하는 것이니, 기한을 지키도록 하지 않을 수 없다.

수령과 백성 사이에는 신뢰가 중요하다. 먼저 수령이 스스로 말한
것에 대해 하나하나 지키는 모습을 보여야 백성들의 믿음을 얻을 수
있다. 이와 함께 백성들도 수령이 내린 명령을 잘 따를 수 있도록 해
야 한다. 어떤 명령에 대해 여러 번 명확하게 설명하고, 너그럽게 기
한을 연장해주더라도 잘 따르지 않는다면 그에 상응하는 조치를 해
서 백성들이 잘 지킬 수 있도록 한다. 당근과 채찍을 적절히 활용해
부임 초기에 신뢰 관계를 만들어야 할 것이다.

명령이 명확히 시행되도록
인장을 정비한다

厥明日 召老吏 令募畫工 作本縣四境圖 揭之壁上
궐 명 일 소 노 리 영 모 화 공 작 본 현 사 경 도 게 지 벽 상

印文不可漫滅 花押不可草率
인 문 불 가 만 멸 화 압 불 가 초 솔

是日 刻木印幾顆 頒于諸鄕
시 일 각 목 인 기 과 반 우 제 향

다음 날 노련한 아전을 불러 화공을 모아 고을의 지도를 그리고 관아의 벽
에 걸도록 한다.

도장의 글씨는 닳아 없어져서는 안 되고, 자필 서명(手決)은 조잡해서는 안
된다.

이날 나무 도장을 여러 개 새겨 고을 일을 처리하는 곳에 나누어주어야 한다.

고을의 지도를 그려 붙이고, 인장을 정비한다는 것은 수령이 일을
시작하기 전에 근본을 바로잡는 것이다. 지도를 통해 고을의 길이 어
떻게 통해 있는지, 사찰이나 서원, 주막과 같은 주요 건물이 어디에
위치해 있는지를 파악해야 지시를 제대로 할 수 있다. 도장의 글씨가
흐릿하면 아전들이 이것을 이용해 농간질할 수 있다. 무슨 일을 하든
일할 수 있는 바탕을 만들고 시작해야 한다.

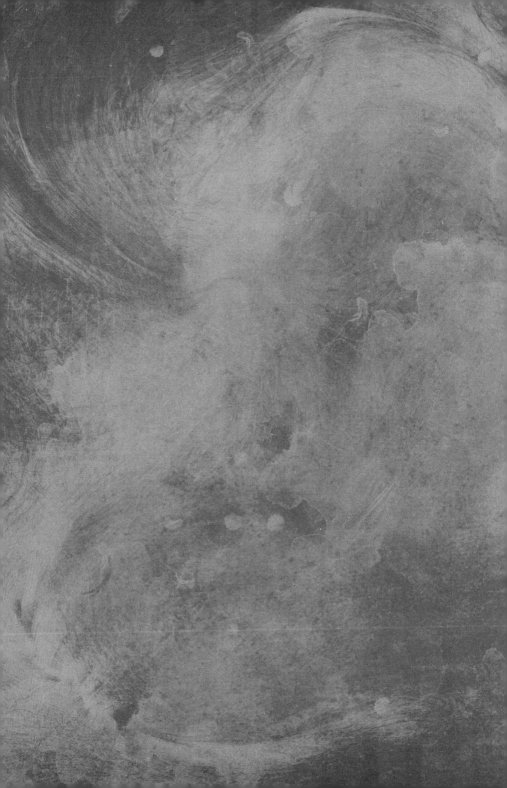

솔선수범을 보이려면

율기육조 律己六條

'율기(律己)'는 수령이 자신의 몸을 단속하는 것을 말한다.
수령이 자신의 몸가짐과 정신을 바르게 다스려야 남을 다스릴 수 있다.
제1조 칙궁(飭躬)은 수령의 바른 몸가짐,
제2조 청심(淸心)은 마음을 깨끗하게 하는 것,
제3조 제가(齊家)는 자기 집안을 먼저 다스리는 것,
제4조 병객(屛客)은 수령이 관아에 개인적인 손님을 불러들이지 않는 것,
제5조 절용(節用)은 재물을 절약하는 것,
제6조 낙시(樂施)는 필요한 사람에게 즐거운 마음으로 베푸는 것이다.

제1조 칙궁(飭躬) : 바른 몸가짐

목민관은 몸가짐을 바르게 한다

與居有節 冠帶整飭 莅民以莊 古之道也
홍 거 유 절 관 대 정 칙 이 민 이 장 고 지 도 야
公事有暇 必凝神靜慮 思量安民之策 至誠求善
공 사 유 가 필 응 신 정 려 사 량 안 민 지 책 지 성 구 선
母多言 母暴怒
무 다 언 무 폭 노

일상생활에서 절도 있고, (머리에 쓰는) 관과 (허리에 매는) 띠는 단정히 하며,
백성을 대할 때 정중하게 하는 것이 옛사람의 도이다.
공사에 여유가 있으면 반드시 정신을 집중하여 고요히 생각하며,
백성을 편안히 할 방책을 헤아려내어 지성으로 잘 되기를 구해야 한다.
많이 말하지 말고, 갑자기 성내지도 말아야 한다.

리더가 몸가짐에 절도가 없고, 경박하거나 예의 없는 언행을 한다
고 해서 사람들이 겉으로는 표현하지는 않는다. 하지만 속으로는 그
가벼움을 비웃는다. 리더의 생각은 한 수 높고 한 걸음 앞서 나가야
한다. 고요한 시간에 여유를 갖고 생각을 확장하여 남들이 생각지 못
한 방향을 제시할 수 있어야 한다.

너그럽고 진중하면 사람을 얻는다

御下以寬 民罔不順
어 하 이 관 민 망 불 순

故 孔子曰 居上不寬 爲禮不敬 吾何以觀之
고 공 자 왈 거 상 불 관 위 례 불 경 오 하 이 관 지

又曰 寬則得衆
우 왈 관 즉 득 중

아랫사람을 너그럽게 대하면 백성이 따르지 않음이 없다.

그러므로 공자는 "남의 윗사람이 되어 너그럽지 않고, 예를 차리되 공경하지 않으면 그에게 무엇을 볼 것이 있겠는가?" 하였고, 또 "너그러우면 뭇사람을 얻는다" 하였다.

전문성, 넓은 시야, 인재 양성 등 리더가 가져야 할 덕목은 많지만 너그러움이 없으면 아랫사람의 존경을 받을 수 없다. 상대가 기대한 보상보다 많이 주고, 마땅히 받아야 할 처벌보다 적게 벌하면 사람의 마음을 얻을 수 있다. 만약 리더가 두려움이나 공포로 조직을 운영하려고 마음먹으면, 그 조직은 겉으로는 잘 작동하는 것처럼 보일지 모른다. 하지만 아랫사람들이 자발적으로 따르지 않으니 언젠가는 문제가 발생할 것이다.

풍류를 즐기는 것은
상황에 맞게 해야 한다

燕游般樂 匪民攸悅 莫如端居而不動也
연 유 반 락　비 민 유 열　막 여 단 거 이 부 동 야
治理旣成 衆心旣樂 風流賁飾 與民皆樂 亦前輩之盛事也
치 리 기 성　중 심 기 락　풍 류 비 식　여 민 개 락　역 전 배 지 성 사 야

한가하게 놀면서 풍류로 세월을 보내는 일은 백성들이 좋아하지 않는다.
단정하게 앉아서 움직이지 않는 것만 못하다.
다스리는 일도 이미 치적을 이루어 뭇사람의 마음이 이미 즐거워하면
풍류를 꾸며 백성들과 함께 즐기는 것 또한 선배들의 성대한 일이다.

사람들과 더불어 즐기는 것은 좋은 일이다. 하지만 그것을 상황에
알맞게 해야 한다. 연회를 자주 열면 백성들의 눈총을 받을 수밖에
없다. 큰 사업을 마치고 누가 보더라도 한번쯤 노고를 위로할 필요가
있다고 인정하는 상황이 아니라면, 한가하게 놀거나 즐기는 것은 멀
리해야 한다. 오늘날 공직사회나 직장에서도 지나치게 회식을 자주
하는 리더는 크게 환영받지 못한다.

끊임없이 자기계발에 힘써라

政堂有讀書聲 斯可謂之淸士也
정 당 유 독 서 성 사 가 위 지 청 사 야
若夫哦詩賭棋 委政下吏者 大不可也
약 부 아 시 도 기 위 정 하 리 자 대 불 가 야

정당에서 글 읽는 소리가 나면 이는 맑은 선비라 할 수 있다.
만약 시나 읊고 바둑이나 두면서 정사를 아래 아전들에게만 맡겨둔다면
그것은 매우 잘못된 것이다.

'정당(政堂)'은 '관아'를 의미한다. 리더는 항상 자기계발에 힘써야
한다. 일한다는 핑계로 책을 멀리하면 안 된다. 여기서 자기계발은
두 가지 측면이 있다. 본래 이 말에서 다산이 강조하려고 한 것은 '때
때로 성현의 글을 읽어 착한 마음을 유발해야 한다'라는 것이다. 이에
더해, 자기가 하는 일에 대한 전문성을 확보해야 한다. 리더가 새로
운 업무를 맡았을 때 실무를 제대로 공부하지 않고, 보고만 받으려고
하면 일이 제대로 돌아갈 수 없다.

제2조 청심(淸心) : 마음을 깨끗하게 함

청렴하지 않으면 수령이 될 자격이 없다

廉者 牧之本務 萬善之源 諸德之根 不廉而能牧者
염자 목지본무 만선지원 제덕지근 불렴이능목자
未之有也
미지유야
廉者 天下之大賈也 故 大貪必廉 人之所以不廉者
염자 천하지대고야 고 대탐필렴 인지소이불렴자
其智短也
기지단야

청렴함은 수령된 자의 본연의 의무다. 모든 선(善)의 근원이고 모든 덕(德)의
뿌리이니, 청렴하지 않고서 수령 노릇을 제대로 할 수 있는 자는 없다.
청렴함은 천하의 큰 장사이다. 그러므로 크게 탐하는 자는 반드시 청렴하
려고 한다. 사람이 청렴하지 않은 것은 그 지혜가 부족하기 때문이다.

진짜 지혜로운 사람은 재물보다 더 가치 있는 것을 얻으려고 애쓴
다. 자기가 가진 지위와 권력을 이용해서 사사로운 이익을 얻으려는 자
는 어리석다. 욕망의 수준이 아직 낮은 상태에 머물러 있는 것이다. 명
예, 도덕, 자아실현과 같은 가치를 얻으려 하는 사람은 재물의 유혹에
흔들리지 않을 수 있다. 청렴하지 않은 사람은 지혜가 모자란 것이다.

아주 작은 것이라도 받지 말아야 한다

貨賂之行 誰不秘密 中夜所行 朝已昌矣
화 뢰 지 행 수 불 비 밀 중 야 소 행 조 이 창 의

뇌물을 주고받는 것을 누가 비밀스럽게 하지 않겠는가.
한밤중에 한 일도 아침이면 드러난다.

　　뉴스나 신문을 통해 종종 공직자나 사회적으로 높은 지위에 있는 사람들의 뇌물 수수 사건을 접할 수 있다. 그들이 조심성이 부족해서 들킨 것일까? 뇌물을 주고받는 것을 대놓고 하는 사람은 없다. 은밀하게 할 것이다. 하지만 완벽한 비밀은 있을 수 없다. 준 사람이 알고 받은 사람이 알고, 가족처럼 직접 관련된 사람들이 알기 때문이다. 누군가가 알고 있다면 이미 비밀이 아니다. 뇌물을 받는 순간, 그 사실은 언젠가는 드러난다는 것을 명심해야 한다.

나만은 잘못을 범하지 말아야 한다

凡謬例之沿襲者 刻意矯革 或其難革者 我則勿犯
범 유 례 지 연 습 자   각 의 교 혁   혹 기 난 혁 자   아 즉 물 범

무릇 잘못된 관례가 계속되는 것은 애써 고치도록 하고,
혹 고치기 어려운 것이 있더라도 자신은 잘못을 범하지 말아야 한다.

    사람의 마음을 썩게 하는 가장 무서운 말이 '지금까지 다들 그렇게 해왔어'와 같은 말이다. 이 말 속에는 관행이고, 다수가 하는 것이니 문제없다는 유혹이 들어 있다. 현명한 리더라면 지금까지 문제없이 많은 사람이 해온 일이라도 정말 문제가 없는 것인지, 틀린 것이 아닌지 의심해야 한다. 너무 뿌리 깊은 관행은 당장 바꾸지는 못하더라도 자기의 양심에 비추어 보아 올바른 것이 아니라면 자신만큼은 잘못을 범하지 않도록 노력해야 한다.

생색내면 덕이 상한다

凡有所捨 毋聲言 毋德色 毋以語人 毋說前人過失
범 유 소 사 무 성 언 무 덕 색 무 이 어 인 무 설 전 인 과 실

무릇 받지 않고 베푼 것이 있더라도 드러내어 말하지 말고,

덕을 생색내거나 남에게 말하지 말아야 하며,

전임자의 허물도 말하지 말아야 한다.

생색내는 것은 자기를 알아봐달라는 것이다. 인정받고 싶은 욕구를 드러내는 것이다. 유치한 짓이다. 리더가 자신의 덕을 내세우면 오히려 그것이 깎인다. 베풀고 생색내면 고마움보다는 오히려 반감을 살 수 있다. 전임자의 허물을 굳이 들춰내서 말하는 것은 자기 능력을 뽐내고 과시하려는 것이다. 이것 또한 유치한 인정 욕구를 드러내는 것이다. 생색내면 덕이 상한다.

제3조 제가(齊家) : 집안을 다스린다

먼저 자기 집안을 바르게 다스려야 한다

修身而後齊家 齊家而後治國 天下之通義也 欲治其邑者
수 신 이 후 제 가 제 가 이 후 치 국 천 하 지 통 의 야 욕 치 기 읍 자
先齊其家
선 제 기 가

몸을 닦은 이후에 집안을 다스리고,

집안을 다스린 뒤에 나라를 다스리는 것은 천하의 공통된 원칙이다.

그 고을을 다스리고자 하는 자는 먼저 자기 집안을 잘 다스려야 한다.

한 조직을 이끌어가는 것은 집안을 다스리는 것과 같다. 가정을 다스리려고 해도 아침에 일찍 일어나 하루를 준비한다거나 검소해야 한다거나 하는 원칙이 필요하다. 또한, 소통 능력과 배려심도 있어야 한다. 이를 위해서는 먼저 자신을 절제하는 것부터 시작해야 한다. 자기도 어떻게 할 수 없는 사람이 가정을 다스리거나 조직을 운영할 수는 없다. 철저한 자기관리와 집안을 다스리는 것이 모든 일의 근본이다.

사사로운 정에 끌려서는 안 된다

昆弟相憶 以時往來 不可以久居也
형 제 상 억 이 시 왕 래 불 가 이 구 거 야

賓從雖多 溫言留別 臧獲雖多 良順是選 不可以牽纏也
빈 종 수 다 온 언 유 별 장 획 수 다 양 순 시 선 불 가 이 견 전 야

형제간에 서로 그리울 때는

때때로 왕래하되, 오래 머물러서는 안 된다.

손님이나 노비가 비록 많더라도 따뜻한 말로 작별하고

노비가 비록 많더라도 양순한 자만 고를 것이니,

사사로운 정에 끌려서는 안 된다.

어떤 조직에서든 사사로운 정이나 이해관계에 끌려서는 안 된다. 공정함을 잃으면 리더십이 무너지기 때문이다. 특히 공직에 몸담은 사람이라면 더욱더 조심해야 한다. 그러려면 일부러라도 일가친척이나 학연, 지연 등을 멀리해야 한다. 사람들은 리더가 사사로운 정에 이끌려 일을 처리한다고 느끼면 더 이상 신뢰하지 않고, 크고 작은 모든 일을 그것과 연관시키고 원망하기 시작한다.

사치하지 말고
청탁의 빌미를 제공하지 마라

飮食之侈 財之所糜 物之所殄 招災之術也
음 식 지 치   재 지 소 미   물 지 소 진   초 재 지 술 야
干謁不行 苞苴不入 斯可謂正家矣
간 알 불 행   포 저 불 입   사 가 위 정 가 의

음식을 사치스럽게 함은 재화를 없애고 물자를 낭비하는 것이니 재앙을 부르는 길이다. 청탁이 행해지지 않고 뇌물이 들어오지 않는다면 이는 집안을 바로잡은 것이라 할 수 있다.

음식은 정갈하고 담백하게 해서 먹으면 그만이다. 먹을 것에 지나치게 많은 돈을 들이거나 좋은 음식 먹는 것을 자랑하듯이 하면 반드시 파리가 꼬인다. 그 모습을 보고 '저 사람은 사치스럽다'라고 생각하고, 물질로 유혹하려고 하는 것이다. 모든 것에 담백하게 처신하는 사람에게는 청탁이나 뇌물이 들어올 여지가 없다. 사사로운 정에 이끌리지 않고, 사치하지 않으면 부정한 일을 미리 막을 수 있다.

제4조 병객(屛客) : 관아에 손님을 불러들이지 않는다

권한이 없는 사람을 끌어들이지 않는다

凡官府 不宜有客 唯書記一人 兼察內事
범 관 부 부 의 유 객 유 서 기 일 인 겸 찰 내 사

무릇 관부에 책객을 두는 것은 좋지 않다.
오직 서기 한 사람이 겸임해 관아 내부의 일을 보살피도록 해야 한다.

'책객(冊客)'은 조선시대 '관아에서 특별한 직위 없이 회계와 출납을 맡아 보는 자'를 가리킨다. 회계와 출납과 같이 돈과 관련된 일은 중요하다. 반드시 정당한 권한이 있는 사람에게 일을 맡겨야 한다. 그런데 외부인에게 핵심적인 사무를 맡긴다면 권한 있는 담당자들과 충돌이 일어날 수 있다. 외부 전문가를 통해 감시하는 기능을 맡기는 정도는 괜찮지만, 실제 수족이 되어 일하는 사람은 적절한 권한을 부여한 내부인이어야 한다.

고관의 청탁에 흔들리지 말아야 한다

凡朝貴私書 以關節相託者 不可聽施
범 조 귀 사 서   이 관 절 상 탁 자   불 가 청 시

무릇 조정의 고관이 사사로이 편지를 보내 청탁하는 것을 들어 시행해서는
안 된다.

예나 지금이나 자기가 가진 권력과 지위, 재량권을 남용하는 사람
이 많다. 유명한 의사가 있는 병원에서 빨리 진료를 보려면 그 병원
에 아는 사람이 있으면 된다고 생각하는 것이 일반적이지 않은가. '나
만은 그러지 말아야지' 다짐하더라도 실제로 자기에 대한 인사권을
가진 사람이나 직속 상사가 직접 청탁을 해오면 거절하기 쉽지 않다.
상대가 누가 되었든 사사로운 청탁에 흔들리지 않으려면 애초에 그
런 청탁 자체가 들어오지 않게 처신하는 것이 좋다.

가난한 친구와 친족은 후하게 대우한다

貧交窮族 自遠方來者 宜卽延接 厚遇以遣之
빈 교 궁 족 자 원 방 래 자 의 즉 연 접 후 우 이 견 지

가난한 친구와 빈궁한 친척이 먼 곳에서 찾아오면
마땅히 즉시 영접하고 후하게 대우하여 보내야 한다.

정말 훌륭한 친구와 교양 있는 친척이라면 비루한 모습으로 먼 곳
에서 찾아오지 않을 것이다. 굳이 직접 찾아온 사람은 빈궁하고 구차
한 상황이다. 이런 사람들은 종종 무리한 부탁을 하거나 예의에 어긋
나는 언행을 하는 경우가 많기에, 잘 대하기란 쉽지 않다. 하지만 그
럴수록 웃는 얼굴로 부드럽게 대해주는 것이 현명한 사람이다. 좋은
음식을 대접하고, 여비까지 잘 챙겨주어야 원망이 없다.

제5조 절용(節用) : 재물을 절약하라

수령은 절약에 힘써야 한다

善爲牧者 必慈 欲慈者 必廉 欲廉者 必約 節用者
선 위 목 자　필 자　욕 자 자　필 렴　욕 렴 자　필 약　절 용 자
牧之首務也
목 지 수 무 야

수령 노릇을 잘하려는 자는 반드시 자애로워야 한다.

자애로우려면 반드시 청렴해야 한다.

청렴하려면 반드시 절약해야 한다.

재물을 절약하는 것은 수령이 가장 먼저 힘써야 할 일이다.

재물을 절약해야 하는 이유에 대한 다산의 생각이 재미있다. 무식하고 절제하지 못하는 사람이 조직의 리더가 되면, 멋대로 돈을 남용하기 쉽다. 그러면 빚이 늘어나고, 빚을 메꾸기 위해 부정한 짓을 저지를 수 있다. 돈이 필요한 어리석은 자를 돈으로 유혹하는 것만큼 쉬운 일은 없다. 부정부패에 빠지면 주변 사람들에게 자애로운 마음을 가질 수 없다. 항상 쫓기는 마음, 이익을 얻으려는 욕망으로 가득하기 때문이다.

공적인 재화를 자기 것처럼 아낀다

私用之節 夫人能之 公庫之節 民鮮能之 視公如私
사 용 지 절 부 인 능 지 공 고 지 절 민 선 능 지 시 공 여 사
斯賢牧也
사 현 목 야

사사로운 것을 쓸 때 절약하는 것은 보통 사람도 할 수 있지만
공적인 재화를 절약할 수 있는 사람은 드물다.
공물(公物)을 사물(私物)처럼 보아야 현명한 수령이다.

누구나 자기 것은 아껴 쓰려고 한다. 하지만 공적인 재화를 아끼는 사람은 많지 않다. 공무로 출장을 갈 때 조금의 수고로움으로 상당한 비용을 아낄 수 있더라도 몸이 편한 길을 선택하지, 비용을 아끼는 길을 택하지 않는다. 어떤 조직이든 운영을 위해서는 공용의 재산이 있다. 물자를 낭비하는 관행이 쌓이고, 절제가 없어지면 이런 공적인 재화를 낭비하게 된다. 특히 공직에 있는 사람은 모든 재화가 세금으로 마련된다는 점을 잊지 말아야 한다.

물건 하나라도 버리는 것이 없게 하라

天地生物 令人享用 能使一物無棄 斯可曰善用財也
천지생물 영인향용 능사일물무기 사가왈선용재야

천지가 만물을 낳은 것은 사람으로 하여금 누려 쓰게 한 것이다.
물건 하나라도 버리는 것이 없게 해야 재물을 잘 쓴다고 말할 수 있다.

물건은 어디든 쓰임이 있다. 쓸모없어 보이는 톱밥도 모아두면 비가 온 뒤나 눈 내린 뒤에 길에 뿌려 쓸 수 있고, 절반쯤 쓴 필기구도 버리지 않고 분류해두면, 나중에 필요할 때 같은 물건을 다시 사지 않고 쓸 수 있다. 몰입할 수 있는 업무 환경을 위해서나 이사를 할 때와 같이 때로는 물건을 버리면서 정리를 해야 할 필요도 있지만, 절약하는 마음을 잃어서는 안 될 것이다.

제6조 낙시(樂施) : 기꺼이 베푼다

베푸는 것이 덕을 쌓는 길이다

節而不散 親戚畔之 樂施者 樹德之本也
절 이 불 산 친 척 반 지 낙 시 자 수 덕 지 본 야

貧交窮族 量力以周之
빈 교 궁 족 양 력 이 주 지

절약하기만 하고 쓰지 않으면 친척이 멀어진다.

베풀기를 즐기는 것이 바로 덕(德)을 심는 근본이다.

가난한 친구나 빈궁한 친척들은 힘을 헤아려 보살펴야 한다.

기꺼이 베풀 수 있는 사람은 사치하지 않는다. 사치하는 사람은 상관에게 아첨하거나 스스로 즐기는 데에도 재물이 부족해 다른 사람에게 베풀 여유가 없다. 다산은 19년의 유배 생활을 돌이켜보면서 '귀양살이할 때, 나 같은 사람을 불쌍하게 생각하여 도움을 주는 이의 의복은 으레 검소했으나 의복이 화려하고 얼굴에 기름기가 흐르며, 음란하고 방탕한 것을 즐기는 자는 나를 돌보지 않았다'라고 회고했다.

관청의 재물로
사사롭게 아는 사람을 도와주면 안 된다

我廩有餘 方可施人 竊公貨 以賙私人 非禮也
아 름 유 여 방 가 시 인 절 공 화 이 주 사 인 비 례 야

내 녹봉에 여유가 있어야 다른 사람에게 베풀 수 있다.
관청의 재물을 빼내어 사사롭게 아는 사람을 도와주는 것은 예(禮)가 아니다.

공금을 유용해서 남을 돕는다면 그 목적은 좋지만 수단이 바르지 않기 때문에 오히려 도움받는 사람까지도 욕되게 한다. 시간이 있으면 책을 읽겠다는 사람이 책을 잘 읽지 않듯이, 경제적인 여유가 있으면 남을 돕겠다는 사람은 결코 남을 돕지 못한다. 당장 많지 않더라도 쓰는 돈을 절약하고, 자기가 가진 것으로 남을 돕는 것이 예(禮)에 맞는 행동이다. 때로는 여유가 있고 없고를 가리지 말고 우선 남을 도와야 하는 경우도 있다.

의로운 사람의 일

干戈搶攘 流離寄寓 撫而存之 斯義人之行也
간 과 창 양 유 리 기 우 무 이 존 지 사 의 인 지 행 야

전란을 당해 혼란할 때 떠돌아다니며 임시로 붙어사는 사람을 돌보아 살려
주는 것은 의로운 사람의 일이다.

진쟁이나 기근 등 환란에 처했을 때 자기가 가진 것을 잘 지키는
행동을 자손들을 위하는 것이라 생각할 수도 있다. 하지만 훗날 자손
들이 고통받는 사람들을 돕지 않은 조상에 대해 어떻게 평가할까? 어
려울 때 남을 돕는 의(義)로운 마음을 몸소 실천하여 자손들에게 남겨
주는 것이 더 현명한 행동일 것이다. 특히 공직에 있는 사람들이라면
더욱 어려운 이웃들을 위해 힘써야 하지 않을까?

맡은 책임을 다하려면

봉공육조 奉公六條

'봉공(奉公)'은 나라를 위해 이바지하는 것으로,
수령의 기본적인 복무 자세를 설명했다.
제1조 선화(宣化)는 임금의 덕화를 펴는 것,
제2조 수법(守法)은 법을 지키는 것,
제3조 예제(禮際)는 예의를 바탕으로 사귀는 것,
제4조 문보(文報)는 공문서를 처리하는 것,
제5조 공납(貢納)은 세금과 공물을 받아 바치는 것,
제6조 왕역(往役)은 다른 일에 차출되어 일할 때의 태도를 제시한다.

제1조 선화(宣化) : 임금의 덕화를 폄

군수와 현령은 임금의 덕화를 펴야 한다

郡守縣令 本所以承流宣化 今唯監司 謂有是責 非也
군수현령 본소이승류선화 금유감사 위유시책 비야
綸音到縣 宜聚集黎民 親口宣諭 俾知德意
윤음도현 의취집여민 친구선유 비지덕의

군수와 현령은 본래 은택을 입히고 덕화를 펴는 것이 일이다.

근래에는 오직 감사(監司, 관찰사)만이 이러한 책임이 있다고 말하는데 그것은 잘못이다.

윤음(綸音, 임금의 명령)이 고을에 이르면 마땅히 백성을 모아

친히 널리 알려 은덕을 알게 하여야 한다.

중앙 정부나 최고위층의 방침이 합리적일 수도 있고, 그렇지 않을 수도 있다. 하지만 일선에서 백성을 대하는 공직자가 백성과 함께 욕하고, 비난하기만 한다면 정책이 원활하게 집행되지 않을 것이다. 완벽한 정책은 없다. 시행하는 정책의 취지와 좋은 점에 대해 명확하게 알고, 그것을 잘 알리면서 집행하되, 그 과정에서 백성의 목소리를 잘 듣고 전달하는 것이 공직자의 본분이다.

백성의 뜻을 따라야 한다

朝令所降 民心弗悅 不可以奉行者 宜移疾去官
조 령 소 강 민 심 불 열 불 가 이 봉 행 자 의 이 질 거 관

조정의 명령이 내려왔는데 백성들이 싫어하여 받들어 실행할 수 없다면
마땅히 병을 핑계로 벼슬에서 물러나야 한다.

　양심상 도저히 따르기 힘든 명령이 있을 수 있다. 혹은 백성들을
생각하면 시행할 수 없는 명령도 있다. 이런 넝을 받았을 때는 지기
자리를 생각하지 말고 물러나는 것이 상책이다. 자리를 지키려고 하
면 백성을 괴롭히게 되고, 자기 마음도 괴롭다. 국가의 정책도 사람
이 만드는 것이니, 오류가 있을 수 있다. 하지만 사필귀정(事必歸正, 모
든 일은 결국 옳은 이치대로 돌아감)이니, 잠시 물러나 추이를 지켜보면 길
이 열릴 것이다.

수령이 두려워해야 할 것

璽書遠降 牧之榮也 責諭時至 牧之懼也
새 서 원 강 목 지 영 야 책 유 시 지 목 지 구 야

새서가 멀리 내려오는 것은 수령의 영광이요,
꾸짖는 유시가 때때로 오는 것은 수령이 두려워할 일이다.

'새서(璽書)'는 '옥새가 찍힌 칭찬의 글'이고, '책유(責諭)'는 '책망하는 글'을 말한다. 조정에서 수령에게 칭찬하는 글을 내리는 것은 백성을 위한 노고를 위로하려는 것이다. 반대로 책망하는 글을 내리는 것은 부족한 점을 채우려는 것이다. 칭찬하든 책망하든 수령을 기리거나 미워하는 것이 아니라 모두 백성을 위하는 것이다. 따라서 그것을 숨기지 말고 잘하는 것은 더 잘하고, 못하는 것은 개선하도록 노력해야 한다.

제2조 수법(守法) : 법을 지킴

수령이 먼저 법을 지켜야 한다

凡國法所禁 刑律所載 宜慄慄危懼 毋敢冒犯
범 국 법 소 금 형 률 소 재 의 율 율 위 구 무 감 모 범

무릇 국법에서 금지하는 것과 형률(刑律)에 실려 있는 것은
마땅히 두려워하여 감히 범하는 일이 없어야 한다.

리더가 먼저 법을 지켜야 한다. 리더가 어떤 일을 할 때는 혹시 법
에 어긋나는 것은 아닌지 살펴야 허물이 없다. 관행에 따라 전임자가
잘못한 것이 있었다면, 그것을 덮어두지 말고 바로잡아야 한다. 하지
만 법과 규율대로만 하려고 하면 융통성이 부족할 수 있다. 애초에
법을 만든 이유가 무엇인가? 모두 백성을 위한 것이다. 백성을 위할
수 있다면 어느 정도 융통성을 발휘하는 지혜가 필요하다.

이익과 압력에 굴하지 말아야 한다

不爲利誘 不爲威屈 守之道也 雖上司督之 有所不受
불 위 이 유   불 위 위 굴   수 지 도 야   수 상 사 독 지   유 소 불 수

이익에 유혹되지 말고 위세에 굴하지 않는 것이 법을 지키는 도리다.
비록 상사가 독촉하더라도 받아들이지 않음이 있어야 한다.

법을 지키려면 자기의 양심을 따라야지, 외부의 압력에 흔들려서
는 안 된다. 이익에 유혹되거나 위세에 굴복하면 양심을 끝까지 지
킬 수 없다. 특히 자기의 인사권을 가진 상사의 지시를 따르지 않기
란 쉽지 않다. 상사의 말이 법과 다른 경우, 법을 지키려면 지위를 내
려놓는 것도 감수해야 한다. 상사의 명령을 어기고 원칙에 따랐을 때
명성은 높아지겠지만, 미운털이 박힐 수 있기 때문이다.

올바른 법은 잘 지켜야 한다

法之無害者 守而無變 例之合理者 遵而勿失
법 지 무 해 자 수 이 무 변 예 지 합 리 자 준 이 물 실

해가 없는 법은 지켜서 변경하지 말고,
사리에 맞는 관례는 좇아서 잃지 않도록 해야 한다.

리더가 바뀌고 나서 기존의 법이나 관행을 모두 뜯어고치려 하면 병통이 생긴다. 그간 지켜오던 것에는 모두 이유가 있다. 하나씩 따져서 정말 바꿀 필요가 있는 경우에는 변경해야겠지만, 그렇지 않은 것은 지켜야 한다. 기존의 것을 모두 부정하는 태도도 일종의 인정 욕구다. 예전의 것은 모두 잘못된 것이고, 자기가 하는 것이 모두 옳다는 생각은 아집이고 독선이다. 또한, 한번에 많은 것을 바꾸면 끝까지 이어지지 않아 용두사미가 되기 쉽다.

제3조 예제(禮際) : 예의로 사귐

예의를 갖추어 교제하라

禮際者 君子之所愼也 恭近於禮 遠恥辱也
예 제 자 군 자 지 소 신 야 공 근 어 례 원 치 욕 야

예의를 갖춰 교제하는 것은 군자가 신중히 여기는 바이니,
공손함이 예의에 맞으면 치욕을 멀리할 수 있다.

예의를 갖춘 교제란 상대와 나를 비교하면서 주눅 들거나 거만한 태도를 보이지 않는 것이다. 자기가 상대보다 지위가 더 높다고 해서 아랫사람 대하듯 하거나, 학벌이나 출신 지역 등에 따라 다르게 대하면 반드시 원망이 있다. 상대에 대한 예의를 차린다고 그릇된 의견에 동조해서도 안 된다. 특히 상사의 잘못된 견해에 '예의상' 동의하거나 침묵해버리면 윗사람을 거스르지는 않겠지만 뜻을 굽히는 것이 되고 만다.

자신을 지켜라

唯上司所令 違於公法 害於民生 當毅然不屈 確然自守
유 상 사 소 영 위 어 공 법 해 어 민 생 당 의 연 불 굴 확 연 자 수

상사가 명령한 것이 공법(公法)에 어긋나고 백성들에게 해가 된다면
마땅히 의연하게 굽히지 말고 확연히 자신을 지켜야 한다.

다산은 《목민심서》 곳곳에서 백성에게 해가 되는 명령이라면 따르
지 말 것을 당부한다. 철저하게 백성의 편이다. 백성에게 잘못을 저
지르는 것보다 상관에게 죄를 짓는 편을 택하는 것이 낫다. 목민관의
소명은 상사를 섬기는 것이 아니라 백성을 섬기는 것이다. 옳지 않은
명령을 내린 상관은 이미 의(義)를 벗어난 것이다. 의(義)에서 멀어진
상관의 비위를 맞추느라 자신을 잃지 말아야 한다.

예(禮)와 의(義)를 지키는 것이 군자다

禮不可不恭 義不可不潔 禮義兩全 雍容中道
예 불 가 불 공 　 의 불 가 불 결 　 예 의 양 전 　 옹 용 중 도
斯之謂君子也
사 위 지 군 자 야

예(禮)는 공손하지 않을 수 없고, 의(義)는 결백하지 않을 수 없다.
예와 의가 둘 다 온전하여 온화하게 도리에 맞아야 이를 군자라 한다.

군자의 벼슬하는 방법은 언제든 그 자리를 버리고 떠날 수 있는 마
음을 가지는 것이다. 자기 자리에 연연하는 모습을 보이면 누구나 그
를 업신여긴다. 상관은 하관이 벼슬에 집착하는 그 마음을 알아채고
성과를 독촉하거나, 어차피 어떻게 대해도 끝까지 붙어 있을 거라 생
각해, 예를 지키지 않고 나무랄 것이다. 언제든 떠날 수 있다고 해서
공손하지 않은 태도로 사람을 대해서는 안 된다. 그만두는 그날까지
예를 지키는 것이 도리다.

제4조 문보(文報) : 공문서

문서는 스스로 작성한다

公移文牒 宜精思自撰 不可委之於吏手
공 이 문 첩 의 정 사 자 찬 불 가 위 지 어 이 수

공적으로 보내는 문서는 마땅히 정밀하게 생각하여 스스로 써야 한다.
아전들의 손에 맡겨서는 안 된다.

일정한 형식이 갖추어져 있는 보고서나 실무적인 내용의 문서는
실무자에게 맡겨도 좋지만, 중요한 공문서는 리더가 직접 작성해야
한다. 예를 들어, 제도 개혁을 위해 기존 제도의 폐단을 설명한다거
나, 상사의 명령을 행하지 않기로 한 경우 혹은 조직의 방향을 결정하
는 중요한 의사결정을 알리는 글 등은 리더가 스스로 작성하는 것이
좋다. 글 쓰는 데 익숙하지 않다면 잘 쓰는 사람과 의논하더라도 꼭
그 핵심내용은 스스로 검토해야 할 것이다.

보고는 기한을 넘기지 말아야 한다

農形之狀 雨澤之狀 有緩有急 要皆及期 乃無事也
농 형 지 장 우 택 지 장 유 완 유 급 요 개 급 기 내 무 사 야

농사의 형편에 대한 장계와 장마의 실정을 알리는 보고서는
급하거나 그렇지 않은 경우가 있는데, 모두 기한에 맞추어야 한다.

상사에게 하는 보고의 핵심 중 하나는 기한을 맞추는 것이다. 아무리 좋은 내용의 보고라도 이미 기한이 지나 버리면 소용없는 경우가 많다. 조선시대에는 농사가 가장 중요한 일이었기 때문에 농사의 형편이나 장마의 실정 같은 보고가 매우 중요했다. 오랫동안 가물다가 비가 내리거나, 홍수로 농민들의 피해가 큰 상황이면 최대한 빨리 보고해야 했다. 시급한 보고는 형식에 구애받지 말고 빨리 보고하는 것이 중요하다.

보고는 되도록 간소하게 한다

月終之狀 其可刪者 議於上司 圖所以去之
월 종 지 장 기 가 산 자 의 어 상 사 도 소 이 거 지

월말의 보고서 중에 생략해도 좋은 것은 상사와 의논하여 없애는 것이 좋다.

많은 조직에 주간, 월간, 분기 등 정기적인 보고가 있다. 상사에게 보고하려면 보고자료가 필요한데, 이런 자료를 준비하느라 많은 인력과 시간이 낭비될 수 있다. 보고는 꼭 필요한 것만 간소하게 하는 것이 자원을 효율적으로 쓰는 길이다. 다산은 상사와 의논하여 보고 항목을 간소화할 것을 말했다. 이와 더불어 보고를 위한 문서를 줄이거나, 보지도 않는 참고자료를 생략하면 더욱 효율적이다.

제5조 공납(貢納) : 세금과 공물을 바침

나라의 재물은 백성에게서 나온다

財出於民 受而納之者 牧也 察吏奸則雖寬無害
재 출 어 민 수 이 납 지 자 목 야 찰 리 간 즉 수 관 무 해
不察吏奸則雖急無益
불 찰 리 간 즉 수 급 무 익

재물은 백성에게서 나오는 것이고, 이를 받아서 바치는 자는 수령이다.
아전의 부정을 잘 살피면 비록 너그럽게 하더라도 폐해가 없지만,
아전의 부정을 살피지 못하면 비록 엄하게 하더라도 이익이 없다.

조선시대에 수령이 세금과 공물을 거두어 국가에 바칠 때 지나치
게 관대하게 하면 상납일을 맞추지 못했고, 가혹하게 하면 백성들을
괴롭힐 수밖에 없었을 것이다. 조세를 독촉하더라도 백성들의 사정
을 고려하지 않으면 안 되었다. 나라의 모든 재물은 백성에게서 나오
는 것인데, 그 백성들이 조세를 견디다 못해 땅을 버리고 도망갈 정도
까지 몰아가서는 안 되었다. 수령은 아전들이 부정을 저지르지는 않
는지 잘 살펴야 폐해를 줄일 수 있었다.

백성의 원망이 없어야 한다

軍錢軍布 京營之所恒督也 察其疊徵 禁其斥退
군 전 군 포 경 영 지 소 항 독 야 찰 기 첩 징 금 기 척 퇴
斯可以無怨矣
사 가 이 무 원 의

군전과 군포는 경영(京營, 한양의 훈련도감·금위영·어영청·수어청·총융청·용호영)에서 항상 독촉하는 것이다. 이중으로 징수하는지 잘 살피고, 퇴짜를 놓는 일이 없게 해야 백성의 원망이 없다.

조선시대에 군포를 거두는 데에 폐단이 많았다. 세금으로 돈을 내거나 쌀을 바치는 것은 크게 폐단이 없었다. 하지만 포의 경우에는 올의 굵기, 폭의 너비에 따라 가격이 달랐다. 그리고 길이 단위도 원래 척(尺)이 있었지만, 지역마다 중앙에서 지정해준 길이와 다르게 사용하기도 했기 때문에 중간에서 아전이 농간을 부리기 쉬웠다. 따라서 수령이 하나하나 잘 살피지 않으면 백성의 고통을 돌볼 수 없었다.

이치에 맞지 않는 일은
하지 않을 수 있어야 한다

上司以非理之事 强配郡縣 牧宜敷陳利害 期不奉行
상 사 이 비 리 지 사 강 배 군 현 목 의 부 진 이 해 기 불 봉 행

상사가 이치에 맞지 않는 일을 강제로 배정한다면
수령은 마땅히 그 일의 불가함을 설명하여 봉행하지 않기를 기해야 한다.

감사가 고을의 세세한 사정을 살피지 않고 부역과 공물 등을 강제로 부여하면 그것을 따르기 쉽지 않은 경우가 많았다. 예를 들어, 산으로 둘러싸인 곳에서 해산물을 요구하는 것처럼, 그 지방에서 도저히 구하기 어려운 물건을 바치라고 하면 구할 수 없었다. 부역의 경우도 가까운 곳을 두고 먼 데로 백성들을 이동하여 부역하도록 하면 따를 수 없는 일이었다. 수령이 자기 자리만 생각하여 이런 부당한 요구에 따르면 백성들의 고통이 커질 수밖에 없었다.

제6조 왕역(往役) : 다른 일에 차출되어 근무하는 것

몸이 편하기를 꾀하지 말라

上司差遣 竝宜承順 託故稱病 以圖自便 非君子之義也
상사차견 병의승순 탁고칭병 이도자편 비군자지의야

상사가 다른 일에 차출하여 보내면 모두 마땅히 정성껏 순종해야 한다.
일이 있다거나 병을 핑계로 스스로 편하기를 꾀하는 것은
군자의 도리가 아니다.

차출당해 가서 일하는 것은 부가적인 업무를 수행하는 것이다. 처리해야 할 일이 많이 밀려 있거나 하기 싫은 일이라면 누구도 차출당하는 것을 반기지 않을 것이다. 차출의 명령에 순응하지 않고 회피하면 다른 누군가가 대신해야 하고, 억지로 떠맡게 된 사람은 원망할 것이다. 내가 하기 싫은 일은 남에게 미루지 않아야 한다. 특히 공직자는 맡게 된 일이 있다면 책임을 다할 것이지, 구차하게 피하거나 미루어서는 안 될 것이다.

시험 감독은 공정하게 해야 한다

試院同考差官赴場 宜一心秉公 若京官行私 宜執不可
시 원 동 고 차 관 부 장   의 일 심 병 공   약 경 관 행 사   의 집 불 가

시원에 경관과 함께 고시관으로 차출되어 시험장에 나가면
마땅히 한결같은 마음으로 공정하게 하고,
만일 경관이 삿된 일을 하려고 하면 마땅히 불가함을 고집해야 한다.

'시원(試院)'은 '과거 시험을 맡아 보는 곳'이다. 고시관이 되면 자기가 다스리는 고을의 유생들에게 뇌물을 받는 부정에 연루되기 쉬웠다. 세상일에는 비밀이 없으니, 그 사실은 알려지기 마련이고, 이익을 얻지 못한 사람은 원망했을 것이다. 또한, 시험 감독을 함께 하는 상관이 좋은 글을 뽑지 않거나 좋지 않은 글을 뽑으려고 한다면 그것에 이의를 제기해야 했다. 부정 시험에 팔짱만 끼고 방관하는 것도 같이 죄를 짓는 것이다.

아전들의 침탈을 금지해야 한다

漕運督發差員赴倉 能蠲其雜費 禁其橫侵 頌聲其載路矣
조 운 독 발 차 원 부 창 능 견 기 잡 비 금 기 횡 침 송 성 기 재 로 의

수령이 조운을 감독하는 차원(差員, 임시 벼슬)이 되어,

조창(漕倉)에 가서 그 잡비를 덜어내고, 아전들의 침탈을 금지하면,

칭송하는 소리가 길가에 가득할 것이다.

'조운(漕運)'은 '배로 물건을 실어 나르는 일'이다. 조선시대에 창원,

진주, 밀양, 나주, 영광, 함열, 아산 등에 조창이 있었다. 내륙에 사는

백성들이 지게를 지거나 수레를 끌고 먼 길을 걸어 조창에 도착하면,

아전을 중심으로 창노나 뱃사람들이 그 양을 속이는 등 갖은 비리를

저질렀다. 이때 조운을 감독하는 역할을 맡은 수령이 접대나 받고 있

으면 백성들의 원망을 들을 수밖에 없었을 것이다.

두루 아끼고 보살피려면

애민육조 愛民六條

'애민(愛民)'은 말 그대로 백성을 사랑하는 것이다.
'수령 칠사'와 같은 기본 의무 외에
백성을 보호하고 사랑하는 구체적인 방법에 대해 제시하고 있다.
제1조 양로(養老)는 노인을 공경하는 것,
제2조 자유(慈幼)는 어린아이들을 보살피는 것,
제3조 진궁(振窮)은 궁한 사람을 구제하는 것,
제4조 애상(哀喪)은 상 당한 사람을 애도하는 것,
제5조 관질(寬疾)은 병든 자의 부역을 면제하는 것,
제6조 구재(救災)는 재난에서 백성을 구하는 것이다.

*수령 칠사 : 농상성(農桑盛, 농업과 양잠에 힘씀), 호구증(戶口增, 호구 수를 증가할 것), 학교
흥(學校興, 학교를 만들고 관리함), 군정수(軍政修, 지방의 치안을 살핌), 부역균(賦役均, 부역의
부과를 균등하게 함), 사송간(詞訟簡, 분쟁을 잘 해결함), 간활식(奸猾息, 교활한 향리를 관리함)

제1조 양로(養老) : 노인을 공경함

노인을 공경하는 예를 다잡아
효심을 일으킨다

養老之禮廢 而民不興孝 爲民牧者 不可以不擧也
양 로 지 예 폐 이 민 불 흥 효 위 민 목 자 불 가 이 불 거 야

양로(養老)의 예가 무너지면 백성들이 효심을 일으키지 않는다.
수령이 된 사람은 (양로의 예를) 일으키지 않을 수 없다.

'양로(養老)'는 '노인을 우대하여 편안하고 즐겁게 지내도록 하는 것'
이다. 누구나 세월이 지나면 노인이 된다. 노인을 공경하고 우대하는
풍속이 있어야 누구든 안심하고 살아갈 수 있다. 길거리에서 노인을
폭행하거나 노인에게 폭언하는 젊은이들의 소식에 아득해진다. 조선
에서는 왕을 포함, 정2품 이상 벼슬을 지냈던 6-70세 이상의 노인들
을 '기로(耆老)'라고 하여 관청의 서열상 으뜸으로 삼고 우대했다.

노인의 지혜를 활용한다

養老之禮 必有乞言詢瘼問疾 以當斯禮
양 로 지 례 필 유 걸 언 순 막 문 질 이 당 사 례

양로의 예(禮)에는 반드시 좋은 의견을 청하는 절차가 있으니,
백성의 폐단과 질병을 물어 이 예에 맞추도록 해야 한다.

송나라 유학자 장횡거(張橫渠)는 운암(雲巖) 현령으로 있을 때 매월
초하루에 고을의 나이 많은 이들을 불러 술과 음식을 권했다. 그렇게
해서 사람들에게 어른을 섬기는 의의를 알게 하였다. 또한, 노인들에
게 고을의 힘든 사정을 묻고, 젊은이들을 훈육하는 도리를 물었다고
한다. 노인들의 말이 모두 정답은 아니었겠지만 살아온 시간만큼 켜
켜이 쌓인 지혜가 수령들에게 도움이 될 수 있었다.

양로의 예를 행하되, 절차는 간략하게 한다

依於禮法 簡其文節 行之於學宮
의 어 예 법 간 기 문 절 행 지 어 학 궁

예법에 의하되, 그 절차와 의식은 간략하게 하고,

학궁에서 거행하도록 한다.

위에서부터 어른을 공경하는 모습을 보여야 백성들도 공경하는 마음이 일어날 수 있었다. '학궁(學宮)'은 '향교나 성균관'을 가리킨다. 양로 예법이나 의식을 통해 사람들의 마음을 모을 수 있었기에, 교육과 관련된 장소에서 진행했다. 절차를 간소하게 한다고 해도 오늘날 기준으로 보기에는 상당히 까다로웠다. 예를 들어, '수령의 자리는 서쪽을 향하고 노인들의 자리는 북쪽. 줄은 남쪽을 향하되, 동쪽을 상석으로 한다'는 식이었다.

제2조 자유(慈幼) : 어린아이를 보살핌

어린아이를 보살피는 것은
미래를 위해 중요한 일이다

慈幼者 先王之大政也 歷代修之 以爲令典
자 유 자 선 왕 지 대 정 야 역 대 수 지 이 위 영 전

어린아이를 보살피는 것은 선왕들의 큰 정사였다.
역대 왕들이 이를 닦아 행하여 법령으로 삼았다.

　옛날에는 전쟁이나 기근 등으로 부모 잃은 자식이 많았다. 다산은
'천지의 화기(和氣)를 상하게 하고, 인심의 슬픔을 극도에 이르게 하는
것이 어려서 부모를 잃은 것보다도 더 심함이 없다'라고 할 정도로 고
아들의 처지를 안쓰럽게 여겼다. 고아를 보살피지 않으면 장성하지
못하고 사망하거나 비천한 삶을 살게 된다. 하지만 그들을 돌보면 재
능을 꽃피울 수 있다. 개인적인 불운을 벗어나게 하기 위해서나, 나
라의 미래를 위해서나 어린아이를 보살피는 일은 중요했다.

백성들이 곤궁하면 아이를 기를 수 없다

民旣困窮 生子不擧 誘之育之 保我男女
민 기 곤 궁 생 자 불 거 유 지 육 지 보 아 남 녀

백성들이 곤궁하게 되면 자식을 낳아도 거두지 못하니,
이들을 달래고 길러서 내 자식처럼 보살펴야 한다.

너무 가난하면 자식을 낳아도 기를 수가 없다. 과거에는 자식을 버리거나 죽이는 부모가 많았던 것으로 전해진다. 오늘날 '삼포 세대'라는 말이 있는데, '연애, 결혼, 아이 갖기를 포기한 세대'를 가리킨다. 근본적인 원인은 경제문제다. 젊은이들이 경제적인 이유로 아이 갖는 것을 포기하면 인구수가 줄고, 점점 고령화사회가 된다. 결국 국력이 약해질 수밖에 없다. 부모 될 사람들에게 아이를 낳아 기를 수 있는 여건을 마련해주어야 할 것이다.

거두어 기른 아이도 자식이다

我朝立法 許其收養爲子爲奴 條例詳密
아 조 입 법 허 기 수 양 위 자 위 노 조 례 상 밀

우리 조선에도 법을 세워 거두어 기른 아이를
자식이나 종으로 삼는 것을 허락하였으니,
그 조례(條例)가 상세하고 치밀하다.

    거두어 기른 아이도 자식이다. 《속대전(續大典, 영조 22년에 간행된 법전)》에는 버려진 아이를 기르는 것과 관계된 법이 상세하게 실려 있다. 예를 들면 '흉년에 유기된 아이를 거두어 기르면 자식으로 삼거나 종으로 삼는 것은 허락한다', '버려진 아이를 거두어 기르는 것은 3세 이전을 한도로 하는데, 흉년이 이어지면 8, 9세를 한도로 하고 혹 15세를 한도로 한다'와 같은 식이다.

제3조 진궁(振窮) : 궁한 사람을 구제함

도움이 필요한 사람을 구제해준다

鰥寡孤獨 謂之四窮 窮不自振 待人以起 振者 擧也
환 과 고 독 위 지 사 궁 궁 부 자 진 대 인 이 기 진 자 거 야

홀아비, 과부, 고아, 늙어서 자식 없는 사람을 사궁(四窮)이라 한다.
궁하여 스스로 일어설 수 없고, 남의 도움을 기다린다.
'진(振)'은 일어서는 것을 뜻한다.

가족이 없고, 경제적으로 곤궁해 남의 도움을 받을 수 없는 사람을
'사궁(四窮)'이라고 했다. 홀아비, 과부라도 재산이 많다면 사궁으로
치지 않았다. 나이, 친척의 유무, 재산을 기준으로 했다. 예를 들면,
10세 이상 60세 미만은 스스로 먹을 것을 구할 수 있다고 보아 사궁
에서 제외했다. 관청에서 구제할 대상으로 선정되면 달마다 곡식을
지급해 스스로 일어날 수 있도록 도왔다.

혼인하지 못한 사람을 도와 혼인하게 한다

過歲不婚娶者 官宜成之
과 세 불 혼 취 자   관 의 성 지

과년하도록 혼인하지 못한 사람은 관에서 성혼시켜야 할 것이다.

　과거에도 국가 차원에서 혼인을 장려했는데, 인구수가 곧 국력이기 때문이었다. 전국시대 월(越)나라에서는 왕이 직접 명령을 내려서 자식을 혼인시키지 않으면 부모에게 벌을 내릴 정도였다. 여자는 17세, 남자는 20세까지 혼인하지 않으면 그 부모에게 죄가 있다고 본 것이다. 다산도 혼사 비용이 없거나 혼수를 마련할 수 없어 혼인하지 못하는 사람에게는 관청에서 돈을 대어 혼인하게 하는 것이 수령이 힘쓸 일이라고 했다.

홀로 된 사람을 짝지어준다

合獨之政 亦可行也
합 독 지 정 역 가 행 야

홀로 된 사람을 짝지어주는 정사도 또한 실행할 일이다.

    '합독(合獨)'은《관자》에 나오는 말로, '중매를 맡은 이가 홀아비와 과부를 선정해 화합하게 하여 결혼시킨다'는 뜻이다. 다산은 합독을 선정을 베푸는 것이라고 보았다. 조선시대에 과부가 개가하려고 하면, 입방아에 오르내리기 때문에 마음이 있어도 쉽게 뜻을 정하기 힘들었다. 이렇게 망설일 때 보쌈을 당하거나 하여 풍속이 어지럽혀지도록 내버려두기보다는 관에서 미리 짝지어주는 것이 좋았을 것이다.

제4조 애상(哀喪) : 상사(喪事)를 애도함

부모상을 당한 사람은
모든 역을 면제해준다

有喪蠲徭 古之道也 其可自擅者 皆可蠲也
유 상 견 요 고 지 도 야 기 가 자 천 자 개 가 견 야

상을 당한 사람에게 요역을 덜어주는 것이 옛날의 법이다.
스스로 결정할 수 있는 것은 모두 감해주는 것이 좋다.

조선시대에 부모상을 당하면 보통 3년간 시묘살이를 했다. 물론
당시에 모든 사람이 그렇게 했던 것은 아니다. 왕은 건강을 생각해
그 기간을 줄였고, 사대부 중에서도 시묘살이를 다른 사람에게 대신
맡기는 경우도 있었다. 다산은 부모의 상을 당한 자에게는 100일 이
내에 일체의 부역을 면제해주는 것이 좋다고 주장했다. 하지만 역을
피하려고 거짓과 속임수를 쓰면 그 실상을 가려내기가 어려운 점이
있었다.

지극히 빈궁한 백성의 장례는
관에서 돕는다

民有至窮極貧 死不能斂 委之溝壑者 官出錢葬之
민 유 지 궁 극 빈 사 불 능 렴 위 지 구 학 자 관 출 전 장 지

지극히 궁하고 가난한 백성이 있어 죽어도 염(斂)하지 못하고,

개천이나 구렁에 버려질 형편인 자에게는

관에서 돈을 내어 장사 지내게 한다.

너무 가난해 죽은 뒤에 염할 형편조차 되지 않는다면, 관청에서 도와주어야 한다. 개천이나 구렁에 버려질 형편이라고 하면 얼마나 궁한 것인가? 다산은 수령이라면 평소에 백성들에게 영을 내려서 염을 하지 못하는 사례가 있다면 즉시 관청에 알리고, 도울 수 있는 이웃이나 친척이 있다면 서로 간에 의논하여 매장하도록 하되, 서로 돕지도 않고 관청에 알리지도 않는다면 벌을 주어야 한다고 말했다.

비참한 일이 있다면
마땅히 구휼을 베풀어라

或有觸目生悲 不堪悽惻 卽宜施恤 勿復商度
혹 유 촉 목 생 비 불 감 처 측 즉 의 시 휼 물 부 상 탁

혹시 비참한 일이 눈에 띄어 측은한 마음을 견딜 수 없으면
즉시 구휼을 베풀고 다시 주저하지 말아야 한다.

상을 당한 사람이 가난하고, 주변에 가족이나 이웃이 없어 상을 치르는 데 부족한 점이 있으면 주저하지 말고 돕는 것이 예다. 어떤 이들은 이런 것을 보고 산 사람이 먹고사는 것이 더 중요하다고 말할 수도 있을 것이다. 하지만 측은한 일은 눈앞에 보이는 즉시 도와주는 것이 도리다. 이런 일로 남을 비판하는 사람은 다른 사람을 돌봐줄 마음이 없는 것으로 보아야 한다. 수령이라면 눈앞에 비참한 일에는 마땅히 구휼을 베풀어야 한다.

제5조 관질(寬疾) : 병든 자의 부역을 면제함

살아갈 길을 터주어야 한다

罷癃殘疾 力不能自食者 有寄有養
파 륭 잔 질 역 불 능 자 식 자 유 기 유 양

곱사등이, 불치병자와 같이 스스로 먹고 살아갈 수 없는 자에게는
의지할 곳과 살아갈 길을 터주어야 한다.

다산은 당시 수령들의 성정이 억세고 사나워서 관대함이 부족하다
고 지적했다. 수령이 몸이 불편한 백성들에게조차 조세와 역을 면제
해주기 싫어해, 어려움을 호소하는 백성에게 "밭 가운데 허수아비보
다는 낫지 않느냐?"고 한다는 것이다. 다산은 병든 자는 부역을 면제
해주고, 장애가 있어 먹고살기 힘든 사람에게는 살아갈 길을 터주는
것이 관청에서 할 일이라 생각했다.

병이 유행할 때는 관에서 구조해야 한다

瘟疫麻疹及諸民病 死亡夭札 天災流行 宜自官救助
온 역 마 진 급 제 민 병　사 망 요 찰　천 재 유 행　의 자 관 구 조

염병, 천연두 혹은 뭇 백성이 병으로 죽거나 요절하는 하늘의 재앙이 유행할 때는 마땅히 관에서 구조하여야 한다.

염병이나 천연두와 같은 전염병은 당시 백성들이 가장 두려워하던 병이었다. 민간에서 스스로 구제하기 힘든 병이니, 관청에서 나서서 구조해야 한다는 것이다. 집안에서 환자가 한 명 발생하면 모든 가족이 문을 닫고 피해버리기도 했는데, 그러면 병에 걸린 사람은 적절한 치료를 받지 못하고 죽음에 이를 수밖에 없었다. 이런 행동은 병에 대한 무지에서 오는 것이었다. 병이 공기로 전염된다는 사실을 알면, 환자와 일정한 거리를 두면서 환자를 치료할 수 있었다.

공로에 따라 마땅히 포상해야 한다

流行之病 死亡過多 救療埋葬者 宜請賞典
유 행 지 병 사 망 과 다 구 료 매 장 자 의 청 상 전

유행병이 돌면 사망하는 자가 많아진다.

이들을 구하여 치료하고 매장해주는 자에게는 마땅히 상을 주도록 조정에

청해야 한다.

병자를 자발적으로 구하고 매장해주는 일을 하는 사람에게는 수령

이 마땅히 포상해야 한다. 정조 22년(1798년) 겨울에 독감으로 많은

사람이 죽어, 조정에서 부유한 백성에게 염하고 매장하면 상을 준다

고 했다. 다산이 곡산부(谷山府)에서 자원자 다섯을 받았는데, 일이 끝

난 뒤 감사가 별다른 조치를 하지 않았다. 다산은 직접 상소하겠다고

하고, 승정원을 통해 왕에게 알려 모두 상을 받게 하였다.

제6조 구재(救災) : 재난을 구제함

백성 구하기를 자신을 구하듯 한다

凡有災厄 其救焚拯溺 宜如自焚自溺 不可緩也
범 유 재 액 기 구 분 증 닉 의 여 자 분 자 닉 불 가 완 야

무릇 재난과 액운이 있으면 불에 타고 물에 빠진 것을 건져내기를
마땅히 내가 불에 타고 물에 빠진 것처럼 하고 늦추어서는 안 된다.

리더라면 자기 사람이 위험에 처했을 때 자신을 구하듯 해야 한다.
임진왜란 때 선조는 도성과 백성을 버리고 피난길에 올라 뭇 백성의
원망을 받았다. 항해 중 위기에 처했을 때 선장이 선원들을 버리고
혼자 살겠다고 도망가면 누구도 그를 따르지 않을 것이다. 다산은 큰
재난을 겪은 사람들에게는 요역을 면제하고, 곡식과 땔감을 나누어
주는 등 실질적인 도움을 주어야 한다고 말한다.

환란은 일어나기 전에 예방해야 한다

思患而預防 又愈於既災而施恩
사 환 이 예 방 우 유 어 기 재 이 시 은

환란이 있을 것을 미리 생각하여 예방하는 것이
재난을 당한 뒤 은혜를 베푸는 것보다 낫다.

리더는 항상 생각이 멀고 깊어야 한다. 불이 난 뒤에 불 끄느라 고
생하는 것보다 대비책을 마련하는 수고가 덜하다. 물에 가깝고 지대
가 낮은 곳에 민가가 있다면 홍수 피해를 미리 생각해, 평상시에 옮
기도록 하는 것이 수해를 입은 뒤에 복구하기보다 쉽다. 재난을 당한
뒤에 백성들을 위로하는 것보다 백성들이 조금 불편하더라도 사전에
발 빠르게 움직여 대비하는 것이 현명하다.

재해가 끝난 뒤 백성을 살게 한다

其害旣去 撫綏安集 是又民牧之仁政也
기 해 기 거 무 수 안 집 시 우 민 목 지 인 정 야

그 재해가 이미 지나가면 백성들을 어루만지고 편안히 모여 살게 하여야
한다. 이 또한 수령의 어진 정사다.

재해를 당하는 것은 사람의 힘으로는 어쩔 수 없는 경우도 있다.
재해가 지나가고 나면 백성들이 다시 모여 생활할 수 있게 빨리 피해
를 복구하는 것이 수령의 임무다. 다산은 순조 때의 문신 이서구가
평양 부윤으로 있을 때 화재 복구를 행한 것을 좋은 사례로 전해주고
있다. '평양에 불이 나서 집들이 거의 다 타버렸다. 부윤의 조치와 계
획이 방도가 있고 집을 짓는 데 법도가 있어, 관청 건물 수십 구와 민
가 만여 호가 일시에 새롭게 되고 백성들도 망하여 흩어지는 자가 없
었으므로, 지금까지도 그의 은혜를 사모하고 있다.'

인재를 잘 쓰려면

이전육조 吏典六條

'이전(吏典)'에서는 인선, 고과 등
수령으로서 해야 할 인사관리를 다루었다.
제1조 속리(束吏)는 아전을 단속하는 것,
제2조 어중(御衆)은 부하를 통솔하는 것,
제3조 용인(用人)은 인재를 등용하는 것,
제4조 거현(擧賢)은 어진 이를 천거하는 것,
제5조 찰물(察物)은 물정을 살피는 것,
제6조 고공(考功)은 관리들의 고과 관리이다.

제1조 속리(束吏) : 아전을 단속함

먼저 자기 몸을 바르게 해야 한다

束吏之本 在於律己 其身正 不令而行 其身不正
속 리 지 본 재 어 율 기 기 신 정 불 령 이 행 기 신 부 정
雖令不行
수 령 불 행

아전을 단속하는 근본은 자기의 처신을 올바르게 하는 데 있다.

수령 자신이 올바르면 명령하지 않아도 시행되지만

자신이 올바르지 못하면 명령해도 시행되지 않는다.

아랫사람들은 윗사람을 그대로 따라 배우는 경우가 많다. 뛰어난 능력이 있는 사람이라도 일을 제대로 가르쳐주고 이끌어주는 사람을 잘못 만나면 그 능력을 발휘할 수 없다. 반대로 능력이 조금 부족한 사람이라도 상사, 멘토를 잘 만나면 역량을 충분히 발휘할 수 있다. 능력뿐만 아니라 도덕성이나 태도는 특히 더 전염성이 강하다. 리더가 먼저 올바르게 자신을 단속하지 않으면 다른 사람을 이끌어갈 수 없다.

너그럽고 어질되,
해이하거나 나약하지 않게 한다

居上不寬 聖人攸誡 寬而不弛 仁而不懦 亦無所廢事矣
거 상 불 관 성 인 유 계 관 이 불 이 인 이 불 나 역 무 소 폐 사 의

윗자리에 있으면서 너그럽지 못한 것은 성인이 이미 경계했다.

너그럽게 대하되 해이하지 않고, 어질게 하되 나약하지 않으면,

일을 그르치는 바가 없을 것이다.

《논어》 팔일편에서 공자는 "윗자리에 있으면서 관대하지 않고, 예를 행함에 공경함이 없고, 상을 당하여 슬퍼하지 않는다면, 내가 어찌 그 사람의 인간됨을 관찰할 수 있겠는가(居上不寬, 爲禮不敬, 臨喪不哀, 吾何以觀之哉)?"라고 경계했다. 아랫사람을 관대하게 대해야 한다. 하지만 지나치게 너그럽고 어질게 대하면 기강이 해이해지거나 나약해질 수 있다. 그 점을 조심하면 어떤 조직이든 잘 관리할 수 있을 것이다.

편벽된 성품을 다스려야
아전의 농간에 빠지지 않는다

性有偏辟 吏則窺之 因以激之 以濟其奸 於是乎墮陷矣
성 유 편 벽　이 즉 규 지　인 이 격 지　이 제 기 간　어 시 호 타 함 의

수령의 성품이 편벽되면 아전이 그 틈을 엿보아 그 편벽함을 충동해 농간
을 부린다. 이에 그 술수에 빠지기 쉽다.

다산은 송나라 포증(包拯)의 사례를 들어, 편벽된 성품을 다스릴 것
을 말했다. 아전이 매 맞을 죄를 지은 백성에게 뇌물을 받고, 그 백성
이 심문당할 때 큰 소리로 "매나 맞을 것이지 무슨 잔소리가 많은가"
라고 꾸짖었다. 그것을 본 포증은 오히려 아전을 벌주고 백성은 관대
하게 처분했다. 포증은 관리들의 가혹함을 미워해 명성을 얻었던 사
람이다. 하지만, 편벽된 그 성품으로 인해 오히려 아전의 꾐에 넘어
가 오판하게 된 것이었다.

제2조 어중(御衆) : 부하를 통솔함

스스로 청렴하고 충성스러워야
부하를 통솔할 수 있다

馭衆之道 威信而已 威生於廉 信由於忠 忠而能廉
어 중 지 도   위 신 이 이   위 생 어 렴   신 유 어 충   충 이 능 렴
斯可以服衆矣
사 가 이 복 중 의

부하를 통솔하는 방법은 위엄과 신의뿐이다.

위엄은 청렴함에서 생기고 신의는 충성에서 말미암는 것이다.

충성스럽고 청렴해야 이에 부하를 복종시킬 수 있을 것이다.

청렴하고 공명정대하지 않으면 위엄을 가질 수 없다. 사사로운 이
익에 흔들리거나 한쪽에 치우쳐 판단하는 상관을 존경하고 그 위엄
에 복종하려는 사람은 없다. 만약 부하 중에 민첩한 사람이 있어서
그 사람을 자주 쓰면, 주변 사람들이 어느새 그 사실을 알고 그에게
모여들고 그 사람의 뜻을 따르게 된다. 사람을 잠깐 치우쳐 쓰기만
해도 이런 일이 생기니, 리더는 항상 자신을 경계해야 한다.

거친 자들은 엄중하게 대한다

軍校者 武人麤豪之類 其戢橫宜嚴
군 교 자 무 인 추 호 지 류 기 즙 횡 의 엄

군교는 무인으로 거칠고 호기를 부리는 자들이다.

그 횡포를 방지하는 것을 마땅히 엄중하게 해야 한다.

조선시대에 군교(軍校)는 장관(將官), 군관(軍官), 포교(捕校)의 세 종류가 있었다. 군교는 주로 배움이 짧고, 글도 몰라 사나워 가르칠 수도 없는 자가 되었다고 하는데, 그들의 횡포가 심해 수령이 잘 다스리고 관리해야 했다. 이들은 세금을 징수하거나, 백성들을 요역에 동원할 때 직접 백성들을 상대하면서 패악질을 했다. 또한, 도둑을 잡는 역할도 했는데, 도둑들과 내통해 미리 정보를 흘리는 등 갖가지 죄를 저질렀다.

약한 자들의 죄는 가볍게 다스린다

侍童幼弱 牧宜撫育 有罪宜從末減 其骨格已壯者
시 동 유 약   목 의 무 육   유 죄 의 종 말 감   기 골 격 이 장 자
束之如吏
속 지 여 리

시동은 어리고 약하니, 수령은 그들을 마땅히 어루만져 길러줘야 한다.

죄가 있을 때는 마땅히 가볍게 다스려야 한다.

그 골격이 장성한 자는 아전과 같이 단속한다.

'시동(侍童)'은 잔심부름을 하는 나이 어린 자로, 이들도 크고 작은 농간을 부렸다. 예를 들면 도장을 훔쳐 위조문서에 찍는다거나, 과거 응시할 수 있는 증서인 과강(科講, 과거 시험 전에 치르는 예비 시험)의 합격증을 빼돌린다거나, 수령의 움직임을 파악해 밖에 알리는 것과 같은 일이었다. 다산은 이들의 나이가 어린 점을 생각해서 벌을 가볍게 주는 것을 원칙으로 하되, 그 죄가 크거나 장성했다면 정당하게 벌을 주어야 한다고 말했다.

제3조 용인(用人) : 인재를 임용함

나라의 다스림은 인재 등용에 달려 있다

爲邦在於用人 郡縣雖小 其用人無以異也
위 방 재 어 용 인 군 현 수 소 기 용 인 무 이 이 야

나라를 잘 다스리는 것은 인재를 등용하는 것에 달려 있다.
군현이 비록 작지만, 인재의 등용은 나라와 다를 것이 없다.

리더가 모든 일을 혼자 처리할 수는 없다. 적재적소에 그 일을 잘
해낼 수 있는 인재를 배치하는 것이 크고 작은 조직을 다스리는 기본
이다. 공자의 제자 중에서 복자천은 스승으로 모시는 사람, 친구로
삼는 자, 아랫사람으로 부리는 자 등 다양한 사람들을 곁에 두었고,
거문고나 타면서 유유자적하게 지내도 고을을 잘 다스렸다. 이에 반
해 무마기는 새벽에 나갔다가 밤늦게 돌아오면서 고생스럽게 일했
다. 개인기와 한 사람의 노력에 맡기면 고생스럽고, 사람에게 맡기면
편안하다.

아첨하는 자를 물리쳐야 한다

善諛者 不忠 好諫者 不偝 察乎此則鮮有失矣
선 유 자 불 충 호 간 자 불 배 찰 호 차 즉 선 유 실 의

아첨 잘하는 자는 충성스럽지 못하고,

바른말 하기 좋아하는 자는 배신하지 않는다.

이점을 잘 살피면 실수가 적을 것이다.

《논어》'학이편'에 "교언영색 선의인(巧言令色 鮮矣仁)"이라는 말이 있다. '교묘하게 말을 꾸미고 용모가 뛰어난 사람 중에는 어진 이가 드물다'라는 뜻이다. 리더의 눈앞에서 듣기 좋은 말을 하면서 비위를 맞추는 사람은 어려운 상황이 닥쳤을 때 배신하기 쉽다. 평소 귀에 거슬리더라도 리더에게 바른말을 하는 사람은 오히려 어려운 상황에서 리더를 끝까지 지켜주고, 단점을 덮어준다.

직무의 특성에 맞는 사람을 선발한다

軍官將官之立於武班者 皆桓桓趪趪 有禦侮之色 斯可矣
군 관 장 관 지 입 어 무 반 자 개 환 환 규 규 유 어 모 지 색 사 가 의

군관이나 장관으로 무반에 서게 되는 자는

모두 굳세고 용맹스러우며, 적을 대적하여 막아낼 기색이 있다면 좋을 것
이다.

　　모든 사람에게는 각자의 특성에 맞는 일이 있다. 체계적으로 생각
하고 꼼꼼하게 기획을 잘하는 사람을 현장 업무에 투입한다거나, 활
동적이고 사교적인 사람을 서류만 쳐다보는 행정 업무 담당자로 임
명한다면, 개인적으로나 조직 전체적으로나 손실이다. 직무의 특성
에 맞는 사람을 잘 선발하는 것이 리더의 임무다. 다산은 용모가 반
듯하고, 굳세고 용맹한 자를 무반으로 선발해야 한다고 말했다.

제4조 거현(擧賢) : 어진 이를 천거함

어진 이를 천거하는 것은 수령의 본분이다

擧賢者 守令之職 雖古今殊制 而擧賢不可忘也
거 현 자 수 령 지 직 수 고 금 수 제 이 거 현 불 가 망 야

어진 이를 천거하는 것은 수령의 본분이다.
비록 예전과 지금의 제도가 다르지만
어진 이를 천거하는 일을 잊어선 안 된다.

조나단 스위프트의 풍자소설《걸리버 여행기》를 보면 '릴리퍼트'라는 소인국에서 줄타기 능력에 따라 관리를 선발하는 장면이 나온다. 말도 안 되는 기준으로 관리를 선발하는 세태를 풍자한 내용이다. 조선시대에는 관리를 선발할 때 과거 시험을 기준으로 삼았다. 특별히 천거를 받은 선비들에게 식년(式年, 그해의 지지(地支)에 자오묘유(子午卯酉)가 들어간 해. 쥐, 말, 토끼, 닭띠 해)마다 과거 기회를 주어 어진 이를 찾았다. 다산은 수령은 자기 고을의 덕망 있는 인재를 추천하는 것이 그 직무라고 말했다.

나라를 위해 인재를 잘 활용해야 한다

經行吏才之薦 國有恒典 一鄉之善 不可蔽也
경 행 이 재 지 천   국 유 항 전   일 향 지 선   불 가 폐 야

경서에 밝고 행실이 뛰어나 행정 능력을 갖춘 사람을 천거하는 것은 나라
에 정한 법이 있으니, 한 고을이라도 훌륭한 인재를 덮어두어서는 안 된다.

다산은 훌륭한 인재를 덮어두고 쓰지 않는 것을 상서롭지 못한 일
이라고 했다. 모든 자격 요건을 완벽하게 갖추지 못했더라도 고을에
어진 사람이 있다면 우선 적극적으로 추천하는 것이 수령의 임무라
고 보았다. 혹 쓰이지 않더라도 추천조차 하지 않는 것보다는 낫다는
것이다. 다산은 추천장 문구까지도 예시로 들었는데 다음과 같다.
"아무개는 경서 연구를 게을리하지 않고, 친척 간에 화목을 도모하
는 데 법도가 있습니다."

뛰어난 선비를 직접 찾아가 교류한다

部內有經行篤修之士 宜躬駕以訪之 時節存問 以修禮意
부 내 유 경 행 독 수 지 사 의 궁 가 이 방 지 시 절 존 문 이 수 예 의

관내에 경전에 밝고, 덕행을 독실히 닦는 선비가 있으면
마땅히 몸소 나아가 그를 방문하고 명절에 문안을 드려 예의를 닦아야 한다.

다산은 국가를 다스리는 네 가지 원칙을 제시했다. 첫째, 친족을
친애한다. 둘째, 어른을 어른으로 대접한다. 셋째, 귀한 자를 귀하게
여긴다. 넷째, 어진 이를 어진 이로 대우한다.

수령은 다스리는 고을 안에 비록 가난하더라도 학문을 게을리하지
않고, 이름난 사람이 있다면 반드시 찾아가 교류해야 한다고 말했다.
수령이 직접 어진 사람을 찾아가 그 이름을 드높여주면 자연스럽게
백성들이 선을 행하게 된다는 것이다.

제5조 찰물(察物) : 물정을 살핌

수령은 홀로 고립되어 속기 쉽다

牧子然孤立 一榻之外 皆欺我者也 明四目 達四聰
목 혈 연 고 립　일 탑 지 외　개 기 아 자 야　명 사 목　달 사 총
不唯帝王然也
불 유 제 왕 연 야

수령은 홀로 고립되어 있으니 자신이 앉은 자리 밖은
모두 나를 속이는 자들이다.
사방을 살필 수 있게 눈을 밝히고 사방에 통하게 귀를 밝게 하는 일은
오직 제왕만이 그러해야 하는 것이 아니다.

　리더는 실무를 하는 부하들과 마음을 터놓지 않으면 눈멀고 귀먹
은 존재가 되기 쉽다. 실제로 일이 돌아가는 것에 대한 정보는 실무
자들이 훨씬 많이 갖고 있다. 아부의 장막에 가려 고립되어 있으면
진짜 중요한 정보를 알지 못하고 어두워진다. 다산은 당시 수령들이
마음을 다해 매사를 살피고 부지런하지 않으면 아전들의 간계와 농
간에 휘둘리고, 백성들의 고통을 덜어주지 못한다고 말했다.

믿을 만한 사람을 통해
민간의 사정을 살핀다

子弟親賓 有立心端潔 兼能識務者 宜令微察民間
자제친빈 유입심단결 겸능식무자 의령미찰민간

자제와 친한 사람 가운데 마음가짐이 단정하고, 깨끗하고, 사무도 능숙한
자가 있으면 그를 시켜 민간의 사정을 은밀하게 살피게 하는 것이 좋다.

조선시대에는 임금이 암행어사를 파견하여 지방 관리들의 비리를
감찰하고, 각지의 사정을 들었다. 문서로 올라오는 보고만으로는 실
상을 알 수 없었기 때문이다. 다산은 수령 또한 자기 사람을 통해 민
간의 사정을 은밀하게 살펴 파악하고 있어야 한다고 말했다. 그래야
아전들이 수령에게 보고하는 내용과 실상의 차이를 알 수 있고, 잘못
된 일을 바로잡을 수 있었을 것이다. 다산은 수령이 부임 전에 믿을
만한 사람과 미리 약속하는 방법까지 다음과 같이 제시해주었다.

"부임해서 두어 달이 되면 편지할 것이니, 내려와서 몰래 민간에
다니면서 조목조목 염탐해달라."

가까운 사람의 말을 그대로 듣지 말라

左右近習之言 不可信聽 雖若閑話 皆有私意
좌 우 근 습 지 언 불 가 신 청 수 약 한 화 개 유 사 의

좌우에 가까이 있는 사람들의 말을 그대로 믿고 들어서는 안 된다.
비록 한가로운 말 같아도 모두 사사로운 의도가 들어 있다.

다산이 아전들을 바라보는 시선은 곱지 않다. 당시 아전들의 횡포
로 백성들의 고통이 심했기 때문이었을 것이다. 다산은 수령이 멍청
하게 좌우에 있는 사람들의 말을 그대로 믿어서는 안 된다고 했다.
시동이나 시노 등이 사사롭게 서로 말을 주고받을 때 아전들이 꾸짖
지만, 실제로는 그 말을 수령이 듣고 믿게 하려는 의도가 있다고까지
말했다. 다산은 수령이 아전들의 간악함을 꿰뚫어보아야 그들의 사
사로운 의도에 놀아나지 않을 수 있다는 점을 강조했다.

제6조 고공(考功) : 고과 관리

고과 관리를 해야 힘써 일한다

吏事必考其功 不考其功 則民不勸
이 사 필 고 기 공   불 고 기 공   즉 민 불 권

아전들이 하는 일도 반드시 그 공적을 고과(考課)해야 한다.
그렇지 않으면 백성을 권면할 수 없다.

　다산은 아전들의 업무 성과를 평가해야 한다고 주장했다. 사람을
통솔하는 방법은 공이 있을 때 상을 주고, 죄가 있을 때 벌을 주는 것
이다. 아전들의 공적을 평가해서 잘한 것에 상을 주고 잘못한 것에
벌을 주지 않으면, 기강이 해이해지고 모든 일이 무너진다고 말했다.
특히 당시 아전들이 지은 죄에 따른 벌은 있었지만 공이 있는 경우에
포상하는 경우가 드물어, 비리를 저질러 그 욕심을 채운다고 보았다.

공로와 과실을 고과해야 한다

國法所無 不可獨行 然書其功過 歲終考功 以議施賞
국법소무 불가독행 연서기공과 세종고공 이의시상
猶賢乎已也
유현호이야

국법에 없는 것을 혼자 행할 수는 없지만
그 공과를 기록해두었다가 연말에 공을 고과하고 의논하여 상을 주면
하지 않는 것보다 좋을 것이다.

당시 아전들에 대한 고과 평가와 그에 따른 상벌 규정은 별도로 없었다. 그래서 다산이 국법에 없는 것을 혼자 할 수는 없다고 말한 것이다. 하지만 수령의 재량 안에서 아전들의 공과를 기록했다가 연말에 상을 주면 아전들의 간악함을 제어할 수 있을 것으로 보았다. 그 구체적인 방법은 공과를 평가하는 책자를 만들어서 한 장에 한 사람의 이름을 쓰고 모든 공과를 기록하되, 과오는 범할 때마다 벌을 주어 다스리고, 공은 연말에 9등급으로 구분하여 그에 따른 상을 준다는 것이다.

수령의 임기가 길어야 고과를 논할 수 있다

六期爲斷 官先久任而後 可議考功
육 기 위 단 관 선 구 임 이 후 가 의 고 공

如其不然 唯信賞必罰 使民信令而已
여 기 불 연 유 신 상 필 벌 사 민 신 령 이 이

수령의 임기를 6년으로 정해야 한다. 수령이 먼저 오래 재임해야 고과를 논할 수 있다. 그렇지 않으면 오직 신상필벌하여 백성들로 하여금 명령을 미덥게 할 수 있을 뿐이다.

당시 수령의 임기가 오래가면 2년, 짧게는 1년 안에도 끝나기도 했다. 이렇게 수령의 임기가 짧으면 아전들은 수령을 쉽게 생각해 농간을 저지를 여지가 많았다. 1, 2년만 버티면 되는데 굳이 수령에게 모든 것을 낱낱이 보고할 필요는 없었을 것이다. 또한, 수령의 재임 기간이 짧으면 1년 단위로 아전들의 고과를 논하기도 어려웠다. 다산은 수령의 임기를 늘리거나, 그것이 힘들다면 명령을 내린 것에 대해 신상필벌하여, 그 명령에 신뢰가 있도록 해야 한다고 말했다.

운영의 기틀을 잡으려면

호전육조 戶典六條

'호전(戶典)'에서는 재정 운영과 관련된 토지 및 조세관리를 다루었다.

제1조 전정(田政)은 토지와 관련한 행정,

2조 세법(稅法)은 조세의 부과와 징수,

제3조 곡부(穀簿)는 곡물의 장부관리,

제4조 호적(戶籍)은 인구를 파악하는 것,

제5조 평부(平賦)는 부역을 공평하게 하는 것,

제6조 권농(勸農)은 농사를 권장하는 것이다.

제1조 전정(田政) : 토지와 관련한 행정

징세를 위해 토지 행정이 중요하다

牧之職五十四條 田政最難 以吾東田法 本自未善也
목 지 직 오 십 사 조 전 정 최 난 이 오 동 전 법 본 자 미 선 야

수령의 직분 54조 중 토지와 관련한 행정이 가장 어렵다.
우리나라의 토지와 관련된 법이 본래 잘 되어 있지 않기 때문이다.

《목민심서》는 총 12편에 각 편이 6조로, 모두 72조로 되어 있다.
이 중에서 부임, 진황, 해관편을 제외한 나머지 부분이 54조이며, 이
를 수령의 직분으로 이해하면 된다. 토지 행정은 징세의 근본이었다.
그런데 토지의 면적을 측량하고 계산하는 것이나 비옥한 정도를 정
하는 것은 만만치 않은 일이었다. 온갖 비리와 농간이 개입할 여지가
있었다. 수령이 혼자서 모든 농간을 적발해내기 힘들었기에 가장 어
렵다고 한 것이다.

세금은 공정하게 매겨야 한다

查陳者 田政之大目也 陳稅多冤者 不可不査陳也
사 진 자 전 정 지 대 목 야 진 세 다 원 자 불 가 불 사 진 야

오래 묵혀 거칠어진 밭을 조사하는 것은 토지 행정의 큰 조목이다.
묵은 밭의 징세에는 억울함이 많으니 조사하지 않으면 안 된다.

토지의 등급을 정확하게 평가하는 것은 징세의 근본으로, 상당히
중요한 일이었다. 따라서 다산은 수령이 묵은 밭을 잘 조사해야 한다
고 했다. 만약 백성이 멀쩡한 땅을 거짓으로 지력이 다한 밭이라고
속인다면, 나라의 세금을 제대로 걷지 못하니 나라의 손해였을 것이
다. 반대로 이미 지력이 다한 땅인데 높은 등급으로 평가하고 과세한
다면 백성들의 원망이 많았을 것이다.

재정을 튼튼하게 하려면
예외를 줄여야 한다

隱結餘結 歲增月衍 宮結屯結 歲增月衍
은 결 여 결 세 증 월 연 궁 결 둔 결 세 증 월 연

而原田之稅于公者 歲減月縮 將若之何
이 원 전 지 세 우 공 자 세 감 월 축 장 약 지 하

은결과 여결이 해마다 늘어나고, 궁결과 둔결도 해마다 늘어나서 국가에 납부되는 원전의 세액이 해마다 줄어드니, 장차 어찌하리오.

　　'은결(隱結)'은 '숨겨서 토지대장에 올리지 않은 땅'이고, '여결(餘結)'은 '신고를 허위로 하여 토지대장에 기재되지 않은 땅'이며, '궁결(宮結)'은 '궁과 관아에 소속된 땅'이고, '둔결(屯結)'은 '군사들이 농사짓는 땅'이었다. 모두 세금을 내지 않는 땅이다. 이와 달리, '세금을 내고 경작하는 땅'은 '원전(原田)'이었다. 세금 납부의 예외가 되는 땅이 늘어나면, 나라의 재정이 점점 부실해졌을 것이다.

제2조 세법(稅法) : 조세의 부과와 징수

백성을 위하는 마음을 전한다

書員出野之日 召至面前 溫言以誘之 威言以怵之
서 원 출 야 지 일 소 지 면 전 온 언 이 유 지 위 언 이 출 지
至誠惻怛 有足感動 則不無益矣
지 성 측 달 유 족 감 동 즉 불 무 익 의

서원이 조사하러 나갈 때 면전에 불러놓고 부드러운 말로 타이르기도 하고, 위엄 있는 말로 겁주기도 하여, 지성스럽고 슬퍼함이 그들을 족히 감동시킬 만하면 유익함이 없지 않을 것이다.

'서원(書員)'은 '재해 현황을 조사하는 아전'을 말한다. 재난을 당해 백성들이 힘든 상황인데 아전들이 재해를 입은 땅을 조사하면서 농간을 부리면 그 피해는 더 커졌을 것이다. 다산은 수령이 서원들에게 다음과 같은 취지로 말할 것을 당부했다.

"신하 된 자로서 도적질인 줄 뻔히 알면서 스스로 범한다면 천지 귀신이 환하게 보고 있는데 끝내 화를 입지 않겠는가? 지나친 협잡질은 기필코 들추어낼 것이니, 옛날 버릇을 답습하지 말라."

간교한 관리의 농간을 엄중하게 금한다

奸吏猾吏 潛取民結 移錄於除役之村者 明查嚴禁
간 리 활 리   잠 취 민 결   이 록 어 제 역 지 촌 자   명 사 엄 금

간사하고 교활한 아전이 백성의 땅을 몰래 취해

제역촌에 옮겨 기록하는 것은

명백하게 조사하여 엄중하게 금해야 한다.

'제역촌(除役村)'은 '납세의 의무를 면제받는 마을'을 말한다. 즉, 이 말은 아전이 사사로운 마음을 품고 백성의 땅을 자기 것으로 만들어 세금을 내지 않게 조치하는 협잡질을 금해야 한다는 것이다. 하지만 실제로 아무리 수령이 아전들의 농간을 엄중히 금하더라도 모든 부정한 행동을 막는 것은 불가능했을 것이다. 당시 아전이 백성의 땅을 겁탈한 것이 밝혀지면 1년에서 3년 동안 감옥에 가두거나 외딴섬 같은 아주 먼 지역으로 귀양 보내기도 했다.

사람을 보내 세금을 독촉하지 않는다

雖民輸愆期 縱吏催科 是猶縱虎於羊欄 必不可爲也
수 민 수 건 기　종 리 최 과　시 유 종 호 어 양 란　필 불 가 위 야

비록 백성들이 납기를 어기더라도 아전을 내보내 독촉하는 것은

마치 호랑이를 양의 우리에 풀어놓는 것과 같으니,

결코 그렇게 해서는 안 된다.

　흉년에 백성들이 가장 두려워한 것이 '검독(檢督, 검사하고 세금을 독촉
함)'이었다. 다산은 수령이 아전들을 풀어서 억지로 세금을 긁어오게
하는 것을 경계했다. 백성을 생각하면 차마 할 수 없는 짓이라는 것
이다. 세금 낼 것을 독촉하는 아전은 백성들에게는 마치 호랑이와 같
이 무서웠을 것이다. 다산은 흉년에 열 집 중에 아홉 집이 고을을 떠
나버리는 것이 모두 검독 때문이며, 흉년에 검독들은 논과 집을 사서
늘린다고 하며 안타까워했다.

제3조 곡부(穀簿) : 곡물의 장부 관리

좋은 제도를 만들어도
사람이 잘못하면 소용없다

還上者 社倉之一變 非糶非糴 爲生民切骨之病
환상자 사창지일변 비조비적 위생민절골지병
民劉國亡 呼吸之事也
민류국망 호흡지사야

환상(還上)이란 사창(社倉)이 변형된 것인데, 곡식을 사고파는 것도 아니면서 백성들에게 뼈에 사무치는 병통만 안겨주니, 백성이 죽고 나라가 망하는 것이 눈앞의 급박한 일이 되었다.

'환상(還上)'은 나라의 곡식을 봄에 빌려주고 가을에 이자를 붙여 거두는 것이고, '사창(社倉)'은 춘궁기나 흉년에 백성에게 곡식을 빌려주거나 구제하는 창고를 말한다. 식량이 부족할 때 백성들을 돕고, 나라에도 이득이 되도록 하려는 취지로 만든 것이었지만, 온갖 폐단의 온상이었다. 예를 들면, 지나치게 많은 이자를 받는 것, 곡식을 아전이 가로채는 것, 곡식을 빌려줄 때 쭉정이를 주는 것 등이었다.

윗물이 맑아야 아랫물이 맑다

上司貿遷 大開商販之門 守臣犯法 不足言也
상 사 무 천　대 개 상 판 지 문　수 신 범 법　부 족 언 야
守臣翻弄 竊其贏羨之利 胥吏作奸 不足言也
수 신 번 롱　절 기 영 선 지 리　서 리 작 간　부 족 언 야

감사가 곡식을 옮겨다 파는 일은 장삿길을 크게 열어놓는 것이다.
수령이 법을 어기는 것쯤은 거론할 것도 못 된다.
수령이 농간을 부려서 그 남은 이익을 도둑질하니
아전들이 농간 부리는 것쯤은 거론할 것도 못 된다.

　　다산은 감사가 곡식 장사로 돈을 버는 행태를 비판했다. 감사가 각
고을에 명령을 내려 곡식 가격을 보고하게 한다. 가격이 비싼 곳에서
곡식을 취해서 팔아, 돈을 마련한 뒤에 싼 곳에서 같은 양의 곡식을
산다. 이렇게 장난질 치면서 생기는 이익을 얻는 것이다. 수령들은
감사의 위세에 눌려, 곡식을 방출해야 하는 고을에서는 시가보다 높
은 가격으로 보고하고, 수매해야 하는 고을에서는 낮게 보고했다.

사사롭게 편의를 봐주지 않는다

其有一二士民 私乞倉米 謂之別還 不可許也
기 유 일 이 사 민 사 걸 창 미 위 지 별 환 불 가 허 야

한두 사람의 양반이 사사로이 창고 쌀을 구걸하는 것을 별환(別還)이라 한다.
그 일은 허락해서는 안 된다.

'별환(別還)'은 '특별히 베푸는 환곡'을 의미한다. 힘 있는 양반이 재
난을 당했다거나 제방을 쌓아야 한다는 등 여러 가지 핑계를 대면서
곡식을 빌려가서 갚지 않는 경우가 있었다. 문제는 이렇게 빌려간 곡
식을 갚지 않는 것이었는데, 수령들은 나라에 경사가 있거나 흉년이
들었을 때 사사로이 이런 빚을 탕감해주기도 했다. 언제나 예외를 만
들면 그것을 악용하려는 사람이 있다.

현황에 맞게 세금을 조정한다

其或民戶不多 而穀簿太溢者 請而減之
기 혹 민 호 부 다 이 곡 부 태 일 자 청 이 감 지

穀簿太少 而接濟無策者 請而增之
곡 부 태 소 이 접 제 무 책 자 청 이 증 지

혹시 인구가 많지 않은데 곡식 장부에 적힌 수량이 너무 많으면 상부에 청해 감하고, 곡식 장부에 적힌 수량이 너무 적어 구제할 방책이 없으면 상부에 청해서 늘린다.

인구가 적은 지방에 많은 세금을 거두려고 하거나, 충분히 많은 사람이 사는 곳인데 세금이 적다면, 그곳을 책임지는 수령이 적절하게 세금을 조정하도록 해야 했다. 그렇지 않으면 너무 많은 세금 때문에 백성들이 떠나거나, 적은 세금으로 형평성에 문제가 생겼을 것이다. 하지만 수령이 세금을 걷는 과정에서 떨어지는 이득을 노리거나 아무 생각이 없다면, 현황에 맞게 세금을 조정하는 노력을 하지 않았을 것이다.

제4조 호적(戶籍) : 인구의 파악

인구 파악은 나라를 다스리는 기본이다

戶籍者 諸賦之源 衆徭之本 戶籍均而後 賦役均
호 적 자 제 부 지 원 중 요 지 본 호 적 균 이 후 부 역 균

호적이란 모든 부세의 근원이고, 온갖 요역의 근본이니,

호적이 바르게 된 뒤에야 부세와 요역이 균등하게 될 것이다.

실제 인구가 몇인지 정확한 숫자를 파악하고 있어야 나라를 운영할 수 있다. 조선시대 인구 파악에 두 가지 방법이 있었다. 하나는 누락 없이 정확하게 호구의 실제 숫자를 파악하는 것이고, 다른 하나는 마을 자체에서 스스로 장부를 만들어 요역과 부세를 할당하게 하는 방식이었다. 다산은 호적이 문란하게 되면 안 된다고 보아, 정확하게 실제 수를 파악해야 함을 주장했다.

백성이 어려우면 호수의 감액을 청한다

若烟戶衰敗 無以充額者 論報上司
약 연 호 쇠 패 무 이 충 액 자 논 보 상 사
大饑之餘 十室九室 空無以充額者 論報上司 請減其額
대 기 지 여 십 실 구 실 공 무 이 충 액 자 논 보 상 사 청 감 기 액

만약 민가가 줄어들어 정한 호수를 채울 수 없는 경우 상사에게 보고한다.
큰 흉년이 든 나머지 열 집 중 아홉 집이 비어 정한 호수를 채울 수가 없는
경우에도 상사에게 보고하여 호수의 감액을 청해야 한다.

부세의 기준이 되는 민가 수가 잘못 잡혀 있으면, 지나치게 많은
세금을 내야 했다. 원래 호수가 많았더라도 흉년이 들어 백성들이 고
을을 떠나거나, 전염병이 돌았다면 수령은 호수의 감액을 상사에게
청해야 했다. 허위 호수가 많은 경우, 바로잡아야 백성들의 어려움을
덜어줄 수 있었다. 다산은 진상에 따르는 비용이나 감영의 소요 물품
등도 감해주어야 실제로 도움이 된다고 보았다.

호구 조사에 드는 비용을 거두지 않는다

若夫人口之米 正書之租 循其舊例 聽民輸納 其餘侵虐
약 부 인 구 지 미 정 서 지 조 순 기 구 례 청 민 수 납 기 여 침 학

竝宜嚴禁
병 의 엄 금

무릇 인구미나 정서조는 옛 관례에 따라 백성들이 바치는 것은 허용하지만
그 밖의 침탈은 마땅히 엄금해야 한다.

'인구미(人口米)'는 '호적부를 작성할 때 사람 수에 따라 받는 쌀'로
인두세를 말하고, '정서조(正書租)'는 '각 호마다 종이, 먹, 붓, 대서료 등
으로 거두는 곡식'이다. 이 모두 호구 조사를 하는 과정에서 드는 비
용을 백성에게서 받는 것인데, 이 과정에서도 많은 비리가 있었다.
고을 불량배들이 마을마다 다니면서 돈을 거두거나, 아전들이 사사
롭게 지인에게 일거리를 주어 대서료를 챙기게 하는 것과 같은 일이
비일비재했다.

제5조 평부(平賦) : 부역을 공평하게 함

부세와 요역을 균등하게 해야 한다

賦役均者 七事之要務也 凡不均之賦 不可徵 錙銖不均
부 역 균 자　칠 사 지 요 무 야　범 불 균 지 부　불 가 징　치 수 불 균

非政也
비 정 야

부세와 요역을 균등하게 하는 것은 수령의 7사 중 중요한 일이다.

무릇 공평하지 못한 부세는 징수할 수 없으니,

조금이라도 공평하지 않으면 정치가 아니다.

수령의 7사는 농상성(農桑盛, 농업과 양잠에 힘씀), 호구증(戶口增, 호구 수를 증가할 것), 학교흥(學校興, 학교를 만들고 관리함), 군정수(軍政修, 지방의 치안을 살핌), 부역균(賦役均, 부역의 부과를 균등하게 함), 사송간(詞訟簡, 분쟁을 잘 해결함), 간활식(奸猾息, 교활한 향리를 관리함)이다. 조선 후기에는 모든 부역이 토지에 부과되어 그 폐해가 심각해졌다. 다산은 '농민들은 날로 곤궁해 쓰러져서 구렁을 메울 지경이다'라고 말했다.

예외를 만들지 않는다

契房者 衆弊之源 群奸之竇 契房不罷 百事無可爲也
계 방 자 중 폐 지 원 군 간 지 두 계 방 불 파 백 사 무 가 위 야

계방(契房)은 온갖 폐단의 근원이요, 뭇 농간의 구멍이다.
계방을 혁파하지 않으면 무슨 일도 할 수 없을 것이다.

'계방(契房)'은 '공역과 부역을 면제받기 위해서 아전들에게 금전을 바치기 위한 계 혹은 관에서 미리 돈을 받고 부역 등에 혜택을 주는 마을'을 말했다. 한마디로 지방 관아에서 따로 돈을 받고 부역에 예외를 두는 것이었다. 온 마을을 대상으로 하거나 특정한 호를 뽑기도 했는데, 계방에 속하는 백성들은 한번에 돈을 갖다 바치면 한 해를 편하게 지낼 수 있었다. 당연히 온갖 폐단과 농간의 원천이 될 수밖에 없었다. 예외를 만들면 비리가 생긴다.

백성의 부담을 덜어주어야 한다

其巧設名目 以歸官囊者 悉行蠲減 乃就諸條 刪其濫僞
기 교 설 명 목 이 귀 관 낭 자 실 행 견 감 내 취 제 조 산 기 남 위
以輕民賦
이 경 민 부

교묘하게 명목을 세워 수령의 주머니로 들어가는 것은 모두 없애야 한다.
여러 가지 조목 중에서 지나치거나 허위인 것을 삭제해 백성의 부담을 가
볍게 해주어야 할 것이다.

　다산은 당시 교묘한 명목으로 백성들의 고혈을 쥐어 짜내는 수령
들의 행태를 비판했다. 예를 들면, 행사가 있을 때 사용되는 포장과
자리 등의 비용, 두 필의 말이 끄는 쌍가마에 드는 비용, 민간에 분양
한 말의 사육비, 지방 감영에 공문서를 전달하는 자의 다리 품삯 등과
같은 것이었다. 탐관오리가 한번 만들어놓은 세금은 관례가 되어 계
속 전해져, 백성들의 삶은 점점 더 피폐해지는 경우가 많았다.

노동력이 필요한 공사는 되도록 줄인다

力役之政 在所愼惜 非所以爲民興利者 不可爲也
역 역 지 정　재 소 신 석　비 소 이 위 민 흥 리 자　불 가 위 야

노동력이 필요한 일은 신중하게 하되, 줄여야 한다.
백성들의 이익이 될 수 있는 일이 아니면 해서는 안 된다.

　백성의 노동력이 필요한 일은 수없이 많았다. 바다의 조수를 막기 위해 둑을 쌓는 것, 도랑을 파는 것, 저수지 준설, 벼슬아치의 상여메기, 배로 운상하는 것, 목재의 운반, 토산물의 수송, 관에서 쓰이는 얼음을 저장하는 것, 벼슬아치가 고개를 넘을 때 가마 메는 것, 성이나 관청을 수리하는 것 등이었다. 다산은 백성들이 역에 동원되는 것도 힘들지만, 먼 거리에 있는 곳을 오가는 시간과 비용 또한 만만치 않으니, 신중해야만 한다고 했다.

제6조 권농(勸農) : 농사를 권장함

농사를 권장하는 것은 수령의 책무다

古之賢牧 勤於勸農 以爲聲績 勸農者 民牧之首務也
고 지 현 목 근 어 권 농 이 위 성 적 권 농 자 민 목 지 수 무 야

옛적에 현명한 수령들은 농사를 권장하는 일에 근면함으로써 명성과 공적
으로 삼았다. 농사를 권장하는 일은 수령의 으뜸가는 책무다.

    다산은 우리나라 백성들이 현명한 자의 가르침을 들어본 적이 없
어, 옛날부터 제멋대로 농사를 지어왔다고 말했다. 농사를 잘 지으려
면 토양에 알맞은 곡물을 분별하고, 조심스럽게 종자를 보관해야 하
며, 파종하는 데에도 법도가 있어야 한다. 당시 백성들이 땅을 갈기
도 전에 씨를 뿌리거나, 갈지도 않은 땅에 씨를 뿌리기도 했다고 한
다. 따라서 수령이 농사의 이치를 깨달아 성심껏 가르쳐 백성들이 효
과적인 농사법을 익히도록 해야 한다고 말했다.

백성들의 생활을 넉넉하게 해주는 것이
수령의 일이다

作爲農器織器 以利民用 以厚民生 亦民牧之攸務也
작 위 농 기 직 기 이 이 민 용 이 후 민 생   역 민 목 지 유 무 야

농기구와 베 짜는 기구를 만들어 백성들이 편리하게 사용하게 하고
백성들의 생활을 풍족하게 해주는 일 또한 백성의 수령된 자의 힘쓸 바이다.

수령은 백성들의 생활을 넉넉하게 해주는 모든 일에 관심을 기울여야 했다. 다산은 안정복(1712~1791)의 말을 빌려, 수차를 활용하여 물을 다스린 사례를 전했다. 그 내용을 요약하면 다음과 같다.

"수리를 일으키려고 한다면 서양의 수차보다 더 우수한 것이 없다. 그 방법이 간단하고도 시행하기 쉬우니 재간 있는 자로 하여금 강구하여 시행하도록 해야 할 것이다. 만약 물길은 낮고 농토는 높은 지대라면 수차를 물의 입구에 설치하고, 민호를 배정해 그들에게 물을 푸게 할 것이다."

생업을 위한 수단을 제공해준다

農以牛作 或自官給牛 或勸民借牛 亦勸農之恒務也
농 이 우 작   혹 자 관 급 우   혹 권 민 차 우   역 권 농 지 항 무 야

농사는 소로 짓는 것이니, 관에서 소를 제공하거나 혹은 백성들에게 소를
빌려주도록 권장하는 것 역시 농사를 권장할 때 항상 힘써야 하는 것이다.

다산은 당시 조선에서 매일 소를 500마리 정도 잡는 것을 문제로
보았다. 소는 열 달 만에 새끼를 낳고, 송아지는 3년이 지나야 새끼를
뺄 수 있다. 새로 태어나는 소보다 많은 소를 잡으면 농사지을 소가
부족했다. 또한, 소에게 병이 돌아 죽으면 농민들은 농사를 지을 방
법이 없었다. 다산은 소 잡는 것을 줄이고 돼지나 양을 기를 것, 필요
할 때는 관에서 소를 제공할 것을 주장했다.

배움의 길을 열어주려면

예전육조 禮典六條

'예전(禮典)'에서는 제사나 손님맞이 등
예법과 교육에 관한 내용을 다루었다.
제1조 제사(祭祀)는 제사 의식,
제2조 빈객(賓客)은 손님을 맞이하는 법,
제3조 교민(教民)은 백성을 가르치는 것,
제4조 흥학(興學)은 학교를 일으키고 교육을 장려하는 것,
제5조 변등(辨等)은 상하 신분의 등급을 구분하는 것,
제6조 과예(課藝)는 학업을 권장하는 것이다.

제1조 제사(祭祀) : 제사 의식

제사 의식에서 마음이 중요하다

郡縣之祀 三壇一廟 知其所祭 心乃有嚮 心有所嚮
군 현 지 사 삼 단 일 묘 지 기 소 제 심 내 유 향 심 유 소 향

乃齊乃敬
내 재 내 경

군현에서 삼단(三壇)과 일묘(一廟)에 제사 지내는데,

그 제사 지내는 대상을 알아야 마음이 향하고

마음에 향하는 바가 있어야 재계하고 공경할 수 있다.

'삼단(三壇)'은 '사직단(社稷壇, 토신(土神)과 곡신(穀神)에게 제사 지내던 제단), 여단(厲壇, 후손이 없어 사람에게 해를 끼친다는 여귀를 위로하는 제사를 지내던 제단), 성황단(城隍壇, 천신에게 제사 지내던 제단)'을 말하고, '일묘(一廟)'는 '공자를 모신 문묘'다. 제사를 누구에게 지내는 것인지 정확하게 알고 있어야 공경하는 마음으로 지낼 수 있다. 제사는 형식보다 마음이 중요한 것이다.

잘못된 미신은 타파한다

其或邑有淫祀 謬例相傳者 宜曉諭士民 以圖撤毀
기 혹 읍 유 음 사   유 례 상 전 자   의 효 유 사 민   이 도 철 훼

혹시 고을에 음사(淫祀)하는 잘못된 관례가 전해오면
사민들을 깨우쳐 없애기를 도모할 것이다.

'음사(淫祀)'는 '부정한 신에게 제사 지내는 것'이다. 반란을 일으킨
사람이나, 지방에서 대대로 전해 내려오는 이야기 속의 신, 뱀과 같은
특정 동물, 기타 우상 등을 모시고 제사 지내는 풍습이 있다면, 수령
은 마땅히 없애야 한다는 것이다. 수령이 백성들의 개인적인 믿음을
무작정 막아서는 안 되겠지만 과도한 제사 때문에 식량과 재물이 낭
비되는 것은 막아야 했다.

중요한 글은 수령이 새로 써야 한다

祈雨祭文 宜自新製 或用舊錄 大非禮也
기 우 제 문 의 자 신 제 혹 용 구 록 대 비 례 야

기우제의 제문은 마땅히 수령이 새로 지어야 한다.
혹 전에 쓰던 것을 베껴서 쓰는 것은 크게 예에 어긋난다.

기우제는 농사와 관련이 있었다. 비가 오지 않으면 한 해 농사를 망치고, 가을에 거둘 것이 적으면 백성들의 목숨이 위태로울 수 있었다. 이렇게 중요한 일에 쓰이는 제문은 마땅히 수령이 써야 한다는 것이다. 다산은 주자의 기우문을 다음과 같이 소개했다.

"신께서는 제정(帝庭)에서 직(職)을 받았으니 이 땅에 먹을 것을 내려 사람들을 복되게 해야 하는데 지금 사람들의 위급함이 이와 같은데도 신께서 못 본 체한다면 어찌 신이라 하겠습니까."

제2조 빈객(賓客) : 손님맞이

손님 접대는 중용을 지켜야 한다

賓者 五禮之一 其餼牢諸品 已厚則傷財 已薄則失歡
빈 자 오 례 지 일 기 희 뢰 제 품 이 후 즉 상 재 이 박 즉 실 환

손님을 접대하는 일은 오례(五禮) 중 하나다.

대접하는 음식의 여러 가지가 너무 후하면 재물이 낭비되고,

너무 박하면 환대의 예를 잃는 것이다.

'오례(五禮)'는 '길례(吉禮, 나라의 제사 예식), 흉례(凶禮, 상례), 빈례(賓禮, 손님 맞는 예), 군례(軍禮, 군사의식), 가례(嘉禮, 혼례)'를 말한다. 수령이 손님을 접대할 때는 중용을 지켜야 했다. 손님 접대에 지나치게 많은 음식을 차리면 재물을 낭비하는 것이고, 너무 간소하게 하면 예에 어긋나는 것이었다. 다산은 손님의 지위와 신분에 따라 각각 일정한 격식이 있으니 그것을 따라야 한다고 말했다.

사신에게 예를 다하되
횡포한 자는 멀리한다

雖非上官 凡使星之時過者 法當致敬 其橫者勿受
수 비 상 관 범 사 성 지 시 과 자 법 당 치 경 기 횡 자 물 수

餘宜恪恭
여 의 각 공

비록 상관이 아니더라도 때때로 지나는 사신에게는 마땅히 공경을 다해야 할 것이다.

그러나 횡포한 자는 받아들이지 말고, 그 외의 사신에게는 마땅히 정성껏 공손히 해야 한다.

수령은 사신에게 예의를 갖춰 대접해야 했다. 하지만 횡포를 부리는 사람의 요구를 모두 들어줄 수는 없었다. 다산은 이순신의 일화를 전했는데, 다음과 같다. '이순신이 의주 판관이 되었을 때 중국에 사신으로 가는 자가 고을을 지나면서 많은 요구를 했다. 이순신은 마음속으로 좋지 않게 여겨 노자만 주고 그 이외의 요구는 모두 들어주지 않았다. 사신이 중국에서 돌아올 적에 다른 일로 트집을 잡아, 분풀이하려 했다. 그러자 이순신은 곧 벼슬을 버리고 떠났다.'

백성을 괴롭혀가며 아첨하지 않는다

古人於內侍所過 猶或抗義 甚者車駕所經
고 인 어 내 시 소 과 유 혹 항 의 심 자 거 가 소 경

猶不敢虐民以求媚
유 불 감 학 민 이 구 미

옛사람은 내시가 지나가도 오히려 의롭게 굽히지 않았으며,

심한 자는 임금이 행차해도 오히려 백성을 괴롭혀가면서 임금에게 잘 보이

려 하지 않았다.

수령이 자기 고을을 지나가는 권력자들에게 아첨하려고 하면 백
성들이 괴로울 수밖에 없었다. 감사가 지나가는 길을 넓힌다고 백성
들의 무덤을 깔아뭉개고 집을 부수어버리면 백성들의 원망을 받았을
것이다. 임금이 배를 타고 지나가는 길을 밝힌다고 한겨울에 백성들
에게 횃불을 들고 서 있도록 한다면 추운 날 백성들의 고충이 컸을 것
이다. 다산은《목민심서》곳곳에서 백성을 자식과 같이 사랑해야 한
다고 말했다.

제3조 교민(敎民) : 백성을 가르침

백성을 가르치는 것이 수령의 직분이다

民牧之職 教民而已
민 목 지 직 교 민 이 이

諸政不修 未遑興教 此百世之所以無善治也
제 정 불 수 미 황 흥 교 차 백 세 지 소 이 무 선 치 야

수령의 직분은 백성을 가르치는 것뿐이다.

모든 정사가 잘 닦여져 있지 않으면 가르침을 일으킬 겨를이 없다.

이것이 백세를 통해 훌륭한 다스림이 없었던 이유이다.

백성들이 당장 배고프거나 재난을 당해 목숨이 위태로울 때는 수령이 가르침을 펼 수 없었다. 다산은 교육은 미래를 위해 중요한 것이지만, 다른 정사가 잘 되어 있지 않으면 당장 시행하기는 어려운 일이라는 것을 인정했다. 또한, 수령의 임기가 보통 1년에서 3년 정도로 짧았기 때문에 긴 안목으로 가르침을 펼치기도 힘든 일이었다. 그럼에도 불구하고 배움을 권장하는 것이 수령의 임무라고 강조했다.

옛사람의 언행을 권유한다

前言往行 勸諭下民 使之習慣於耳目 亦或有助於化導
전 언 왕 행 권 유 하 민 사 지 습 관 어 이 목 역 혹 유 조 어 화 도

옛사람의 훌륭한 언행을 백성들에게 권유하여 귀와 눈에 익숙하게 하면
또한 교화와 지도에 도움이 될 것이다.

정조 때 《오륜행실》이라는 책을 민간에 반포했는데, 다산은 좋은
책을 백성들이 읽을 수 있도록 구체적인 방법을 제시했다.

"단 한 권의 책으로 여러 사람이 돌려보니 한 달이 넘지 않아 책이
모두 파손되어 다시 읽을 수 없게 된다. 그러므로 가호의 총수를 계산
해 매 100호마다 책 한 권씩을 나누어주어, 1천 호의 읍에는 10권, 1만
호의 읍에는 100권을 나눠주어야 돌려가며 읽을 수 있을 것이다."

벌주기 전에 가르치는 것이 먼저다

不敎而刑 謂之罔民 雖大憝不孝 姑唯敎之 不悛乃殺
불 교 이 형 위 지 망 민 수 대 돈 불 효 고 유 교 지 부 전 내 살

가르치지 않고 형벌을 주는 것을 백성을 속이는 것이라 한다.

비록 큰 악과 불효라 해도 먼저 가르치고 나서 고치지 않으면 죽일 것이다.

아이들이 어릴 때 잘못을 하면 혼내기 전에 그것이 잘못된 행동임을 차근차근 설명하기 마련이다. 몰라서 한 잘못은 벌을 주기 전에 가르치는 것이 먼저다. 세 살 아이가 가게에서 물건을 계산하지 않고 갖고 나온다고 경찰에 신고하지는 않을 것이다. 다산은 백성들이 알지 못해 짓는 죄에 대해서는 벌을 주지 말고 먼저 가르쳐야 한다고 말했다. 배운 것이 없어 부모에게 불효하는 자식에게는《효경》을 읽게 하거나, 본을 보여 가르치기를 권했다.

제4조 흥학(興學) : 학교를 일으킴

다양한 분야를 가르쳐야 한다

古之所謂學校者 習禮焉 習樂焉 今禮壞樂崩 學校之敎
고 지 소 위 학 교 자　습 례 언　습 악 언　금 례 양 악 붕　학 교 지 교

讀書而已
독 서 이 이

옛 학교에서는 예와 악을 익혔는데,

지금은 예악이 무너져 학교의 가르침이 독서뿐이다.

　예악은 '의례(儀禮)'와 '음악(音樂)'을 말한다. 유가에서는 예악을 통해 인(仁)을 실현하고, 개인의 도덕적인 완성과 사회의 도덕적인 교화에 도움을 줄 수 있다고 보았다. 유가에서는 예악을 왕도정치의 근본으로 삼았기 때문에 조선시대에는 국가 차원에서 예악을 정비하기도 했다. 다산은 학교에서 예악도 가르쳐야 하는데 책 읽는 것만 가르치는 것에 대해 비판했다.

배움에는 스승이 있어야 한다

學者 學於師也 有師而後有學 招延宿德 使爲師長
학 자 학 어 사 야 유 사 이 후 유 학 초 연 숙 덕 사 위 사 장
然後學規 乃可議也
연 후 학 규 내 가 의 야

학문은 스승에게 배우는 것이니 스승이 있고 나서 배움이 있는 것이다. 덕망이 있는 사람을 초빙하여 스승으로 삼은 뒤에 배움의 규칙을 논할 수 있다.

유가의 경전은 한자만 안다고 해서 이해할 수 있는 것이 아니다. 책이 쓰인 시기에 통용하던 그 글자의 원래 의미도 알아야 하고, 배경지식도 있어야 한다. 책 하나만 읽는다고 뜻이 통하게 되는 것도 아니다. 여러 서적을 두루 읽어 깨달음이 있어야 한 문장을 깊이 있게 이해할 수 있다. 그러니 공부에는 꼭 스승이 필요했다. 다산은 수령이 앞장서 학문이 깊은 사람을 초빙해 스승으로 삼고 학문하는 기풍을 만들어야 한다고 주장했다.

책 읽을 환경을 만들어준다

修葺堂廡 照管米廩 廣置書籍 亦賢牧之所致意也
수즙당무 조관미름 광치서적 역현목지소치의야

강당과 행랑을 수리하고 재정을 잘 관리하며 서적을 많이 비치하는 일 또한 현명한 수령이 유의해야 할 일이다.

순임금 때에는 학교를 '미름(米廩, 쌀을 넣어 두는 창고)'이라고 불렀다. 학교가 있으면 선비가 있고, 선비가 있다면 그들에게 재정적인 지원이 있어야 했기 때문이다. 선비를 기르려면 학교를 유지하기 위해 소요되는 재정을 잘 관리해야 했다. 조선시대에 성균관 등의 운영을 위해 학전(學田)이 있었고, 향교마다 저축한 재물이 있었다. 다산은 수령이 이런 재물을 제대로 관리하지 않으면, 젊은이들이 학교에 출입하면서 삼삼오오 짝을 지어 술과 밥을 먹으며 축내는 일을 막지 못한다고 안타까워했다.

제5조 변등(辨等) : 등급을 구분함

구별의 기준이 분명해야 한다

辨等者 安民定志之要義也 等威不明 位級以亂
변 등 자 안 민 정 지 지 요 의 야 등 위 불 명 위 급 이 란
則民散而無紀矣
즉 민 산 이 무 기 의

등급을 구분하는 것은 백성을 편안하게 하고
뜻을 안정되게 하는 중요한 일이다.
신분의 등급에 따른 몸가짐이 분명하지 않아서
지위의 계급이 어지러우면 백성의 마음이 흩어져 기강이 사라질 것이다.

　　조선시대는 철저한 신분 사회였다. 신분 질서가 흔들린다는 것은 사회의 근간이 무너지는 것이었다. 조선 후기에는 귀족이 쇠퇴하고 아전과 부를 축적한 백성들이 의복과 음식 등을 사치스럽게 하여 기강이 무너지기 시작했다. 다산은 《예기》의 '군신(君臣) 상하가 예가 아니면 정해지지 않는다'는 말을 인용하면서 등급을 구분하는 것이 급선무라고 말했다. 복장, 깃발 가장자리 장식, 탈 것, 제사, 음식 등에도 등급이 있으니, 상하의 질서를 밝혀야 한다는 것이다.

실정을 살펴 약자를 보살핀다

族有貴賤 宜辨其等 勢有强弱 宜察其情 二者
족 유 귀 천 의 변 기 등 세 유 강 약 의 찰 기 정 이 자

不可以偏廢也
불 가 이 편 폐 야

족(族)에는 귀천이 있으니 마땅히 그 등급을 분별해야 한다.

세(勢)에는 강약이 있으니 마땅히 그 실정을 살펴야 한다.

이 두 가지는 어느 하나도 하지 않아서는 안 될 것이다.

조선 후기에는 원래 신분이 높지 않았던 사람이 재산을 모아 뇌물을 바쳐 하급 관리가 되고, 거짓으로 족보를 꾸미거나 귀족과 혼인하는 등 '신분세탁'을 하는 경우가 많았는데, 다산은 이런 자들은 징계해야 한다고 했다. 또한, 귀족의 자제가 백성들을 잡아서 상투를 매달고 수염을 자르며, 기와 위에 무릎 꿇게 한 뒤에 불로 발을 지지면서 이자(利子)에 이자를 강요하여 파산하게 하는 등 무도한 짓을 한다면 그 또한 벌주어야 한다고 말했다.

기강을 바로잡아야 한다

貴族旣殘 賤流交誣 官長按治 多失其實
귀 족 기 잔 천 류 교 무 관 장 안 치 다 실 기 실

斯又今日之俗弊也
사 우 금 일 지 속 폐 야

이미 몰락해버린 귀족을 천민들이 번갈아가며 모함하는데
수령이 살펴 처리함에 그 실상을 모르고 잘못 다스리는 경우가 많다.
이것 또한 오늘날의 폐단이다.

다산은 신분이 높은 귀족이 백성이 농사를 짓는 땅을 빼앗고 남의
부녀를 강간하는 등 죄가 큰 경우는 귀족이라도 마땅히 징계하여 다
스려야 된다고 했다. 하지만 몰락한 선비에 대해서는 실상을 조사해
너그럽게 판단해야 한다고 했다. 소소한 비난만 있고 큰 죄악이 없는
선비는 천한 자들에게 모함받은 경우가 있었다. 다산은 수령이 너그
럽게 용서하고, 행동을 주시하는 것만으로도 허물을 지어서는 안 된
다는 것을 알게 하기에 충분하다고 보았다.

제6조 과예(課藝) : 학업을 권장함

출세를 위한 공부는 인성을 파괴한다

科擧之學 壞人心術 然選擧之法未改 不得不勸其肆習
과 거 지 학 괴 인 심 술 연 선 거 지 법 미 개 부 득 불 권 기 이 습

과거를 위한 공부가 사람의 마음을 파괴한다.

그러나 사람을 선발하는 법을 고치지 않는 한, 과거 공부를 권장하지 않을
수 없다.

다산은 과거 공부에만 치우치면 출세에 눈이 멀어 인성을 파괴할
수 있다고 보았다. 하지만 선비들이 과거 공부하는 것은 어쩔 수 없
는 현실이었기에 권장했다. 율곡 이이는 그의 저서《격몽요결》에서
'과업리학 가이병행불패의(科業理學 可以竝行不悖矣), 과거 공부와 이치
를 궁리하는 공부를 다 같이 행해 나갈 것이요, 한쪽에만 치우치지 말
것이다'라고 전했다. 과거 공부와 이치를 궁구하고 마음 다스리는 공
부를 병행하는 것이 당시 조선 선비들의 과제였을 것이다.

어릴 때부터 가르쳐야 한다

童蒙之聰明強記者 別行抄選 教之誨之
동 몽 지 총 명 강 기 자 별 행 초 선 교 지 회 지

어린 학생 중에 총명하고 기억력이 뛰어난 아이는 따로 가려 뽑아 가르치
게 하라.

어릴 때 한번 잘못 배운 지식이나 고정관념은 평생 고질병이 되어
골수까지 스며들 수 있다. 다산은 어릴 때부터 총명한 아이들을 가려
내어 잘 가르쳐야 한다고 보았다. 수재들을 뽑아 3개월 동안의 과제
(課題)를 주어 읽어 외도록 하고, 등급에 따라 상을 주는 등 뛰어난 학
생들을 따로 가르치라고 했다. 또한, 수재로 선발된 자 중에 뛰어난
자가 있다면, 임기를 마치고 돌아올 때 데려와 큰 인재로 길러 나라를
위해 일하도록 하는 것이 수령의 임무라고 했다.

인재를 선발하는 제도를 확립해야 한다

科規不立 則士心不勸 課藝之政 亦無以獨善也
과 규 불 립 즉 사 심 불 권 과 예 지 정 역 무 이 독 선 야

과거의 규칙이 확립되지 않으면 선비들의 마음이 분발하지 않는다.
과예의 정사는 혼자만 잘한다고 되는 것이 아니다.

　인재를 선발하는 제도가 제대로 갖춰져 있지 않으면 정말 필요한
사람을 뽑을 수 없다. 다산은 과거의 규칙을 잘 확립해야 올바른 선
비를 가려낼 수 있다고 했다. 당시 과거에는 폐단이 많았는데, 시험
장에서 써내야 하는 과제가 많지 않아, 재주가 뛰어난 자는 남의 답안
까지 대필해주기도 했다. 다산은 총명한 선비라도 자기 것 쓰기에도
시간이 촉박할 정도로 출제하면 이런 폐단이 사라질 것으로 보았다.

군력의 기반을 다지려면

병전육조 兵典六條

'병전(兵典)'에서는 군사와 병기 관리,
외적의 침입에 대비하는 법 등에 대해 다루었다.
제1조 첨정(簽丁)은 장정을 군적에 올리는 것,
제2조 연졸(練卒)은 군사를 훈련하는 것,
제3조 수병(修兵)은 병기를 관리하는 것,
제4조 권무(勸武)는 무예를 권장하는 것,
제5조 응변(應變)은 변란에 대비하는 것,
제6조 어구(禦寇)는 외적을 방어하는 것이다.

제1조 첨정(簽丁) : 장정을 군적에 올림

해로운 법은 고쳐야 한다

簽丁收布之法 始於梁淵 至于今日
첨 정 수 포 지 법　시 어 양 연　지 우 금 일

流波浩漫 爲生民切骨之病 此法不改而民盡劉矣
유 파 호 만　위 생 민 절 골 지 병　차 법 불 개 이 민 진 류 의

병적에 기록하고 군포를 거두는 법은 양연에게서 시작되어 오늘에 이르렀다. 내려오는 여파가 크고 넓어 백성의 뼈에 사무치는 병통이 되었으니, 이 법을 고치지 않으면 백성은 모두 죽을 것이다.

양연(梁淵, 1485~1542)은 조선 중종 때의 문신으로, 군적이 있는 자에게 포목을 거두는 법을 시행하게 했는데 조선 후기에는 이 군포의 폐단이 심해 백성들이 원망이 많았다. 부패한 관리들은 민가에서 임신한 것만 보고도 군적에 올리거나, 여자를 남자로 바꾸고, 강아지 이름을 군적에 올리기도 했다. 다산은 한 백성이 아이를 낳은 지 3일 만에 아이가 군적에 올라 소를 빼앗긴 울분을 참지 못해 자신의 성기를 자른 사건을 듣고 크게 개탄하여 시를 짓기도 했다.

중간 관리의 농간을 밝혀야 한다

軍役一根 簽至五六 咸收米布 以歸吏橐 斯不可不察也
군 역 일 근 첨 지 오 륙 함 수 미 포 이 귀 이 낭 사 불 가 불 찰 야

한 사람의 군역에 다섯이나 여섯을 뽑아 모두 군미와 군포를 거두어 아전
들의 주머니에 들어가니 이를 살피지 않을 수 없다.

다산이 살던 시대에 권력을 손에 쥔 관리들의 농간은 심각했다. 한
사람의 군역에 여러 사람을 엮어서 그들 모두에게 군포를 받는 일도
비일비재했다. 다산은 이런 현실을 알지 못하고 군역을 논하는 자들
이 부족한 세금을 채우기 어려운 것만 알고 탁상공론하는 것을 한심
하게 여겼다. 한 남자가 자손 없이 죽고 난 뒤에 그 과부에게 군포를
거두고, 다른 지역에 사는 조카에게도 군포를 거두는 식이었다.

공정하게 처리해야 할 일은
수령이 직접 나선다

收布之日 牧宜親受 委之下吏 民費以倍
수 포 지 일 목 의 친 수 위 지 하 리 민 비 이 배

군포를 거두는 날에는 수령이 직접 받아야 한다.
아래 아전들에게 맡기면 백성들의 비용이 갑절이 될 것이다.

군포는 다른 것에 비해 거둘 때 다툼의 여지가 많았다. 돈이나 쌀은 정한 액수나 양이 있어서 비교적 정확하게 세금을 거둘 수 있었지만, 군포는 그 물건의 넓고 좁은 것, 길고 짧은 것, 굵고 가는 것, 두껍고 얇은 것에 대해서 트집을 잡으려면 끝이 없었다. 아전들은 좋은 포목도 못 받겠다고 물리고 돈으로 대신 바치게 하는 방식으로 횡포를 부렸다. 다산은 군포만큼이라도 수령이 직접 받아서 백성들이 억울하게 세금을 많이 내는 일이 없도록 해야 한다고 경계했다.

제2조 연졸(練卒) : 군사 훈련

평소 군사를 훈련해야 한다

練卒者 武備之要務也 操演之法 敎旗之術也
연 졸 자 무 비 지 요 무 야 조 연 지 법 교 기 지 술 야

군사 훈련은 군사적인 대비의 핵심이다.
연습하고 깃발로 가르치는 기술이다.

훈련하지 않은 군사는 무용지물이다. 손무는《손자병법》에서 "군
사들을 잘 가르쳐 명령이 평소에도 잘 시행되면 전시에도 복종하지
만 그렇지 않으면 전시에 복종하지 않는다(令素行 以敎其民 則民服 令不
素行 以敎其民 則民不服)"라고 했다. 평소에 수령이 군사들을 깃발과 북
소리에 익숙하게 해야 유사시를 대비할 수 있다.

변란을 대비해 호령에 따라 움직이게 한다

惟其旗鼓號令 進止分合之法 宜練習詳熟
유 기 기 고 호 령 진 지 분 합 지 법 의 연 습 상 숙

非欲敎卒 要使衙官列校 習於規例
비 욕 교 졸 요 사 아 관 열 교 습 어 규 례

오직 그 깃발과 북의 호령에 따라 나아가고 정지하고 나뉘고 합해지는 법
을 연습하되, 마땅히 상세하고 익숙하게 해야 한다.
이는 군사들만 가르치려는 것이 아니라 관아의 아전과 군교들도 규례를 익
히도록 하려는 것이다.

혼란한 상황에서 지휘관의 뜻을 정확하게 전달하려면 소리보다는
눈에 보이는 깃발과 같은 것으로 약속을 정하는 것이 좋다. 한 가지
영을 내릴 때 포성을 울려 집중하게 한 다음에 깃발을 들어 끄덕이거
나 빙빙 돌리거나 눕히며 휘두르는 신호를 보낸다. 각 신호마다 어떤
행동을 할지 약속이 정해져 있어 군사들이 그 뜻이 무엇인지 알 수 있
도록 하면, 신호에 따라 나아가기도 물러나기도 하고, 나뉘기도 합치
기도 하여 장수의 뜻대로 된다.

군대의 기강을 바로잡는다

軍中收斂 軍律至嚴 私練公操 宜察是弊
군 중 수 렴 군 율 지 엄 사 련 공 조 의 찰 시 폐

군중에서 금품을 거두는 것은 군율이 지극히 엄중하다.
사사로이 연습할 때나 공식 훈련에서 마땅히 이 폐단을 살펴야 한다.

어느 곳에나 신입을 맞이하는 환영식이 있다. 조선시대 병영에서
도 그런 관례가 있었다. 30명에서 50명 정도 단위의 군사를 맡는 장
교가 신입 병사가 오면 새로 입대했다는 명목으로 혹은 서로 얼굴을
익힌다는 명목으로 돈을 걷었다. 이렇게 돈을 걷으면 곤장을 치거나
중벌을 주었음에도, 실제로는 뿌리 뽑기 어려운 폐단이었다. 다산은
평소에 이런 폐단을 잘 살펴 엄히 벌을 주어야 한다고 했다.

제3조 수병(修兵) : 병기의 관리

병기는 준비되어 있어야 한다

兵者 兵器也 兵可百年不用 不可一日無備 修兵者
병 자 병 기 야 병 가 백 년 불 용 불 가 일 일 무 비 수 병 자

土臣之職也
토 신 지 직 야

'병(兵)'은 '병기(兵器)'를 말한다.

병기는 백 년 동안 쓰지 않더라도 하루도 준비되지 않으면 안 되는 것이니,

병기 관리는 수령의 직무이다.

수령이 평소에 병기를 잘 관리해야 한다는 말이다. 당시 병기는 주로 활, 창, 조총, 화약, 갑옷, 장막 등을 말했는데, 실제로 이런 것을 그대로 창고에 넣어두면 습기가 올라 썩고, 좀먹고, 쥐가 쏠고, 곰팡이가 생겼다. 화약에 불을 붙여도 총알이 나가지 않고, 활줄을 당기면 활이 썩어서 꺾여버렸다. 다산은 태평성대에 실속 없이 돈을 낭비해가며 병기를 준비하기보다는 시절을 잘 살펴서 변란의 징조가 보일 때 병기를 완벽하게 준비하는 것이 현명하다고 보았다.

군수품을 잘 관리해야 한다

箭竹之移頒者 月課火藥之分送者 宜思法意 謹其出納
전 죽 지 이 반 자   월 과 화 약 지 분 송 자   의 사 법 의   근 기 출 납

화살 만드는 대를 옮겨서 나눠주는 일과

월과에 쓸 연습용 화약을 나누어 보내는 일은

마땅히 그 법의 본래 뜻을 생각하여 그 출납을 신중히 해야 한다.

'월과(月課)'는 '매월 보는 시험'이었는데, 연습용으로 화약을 썼다. 그런데 이 화약을 받아올 때도 온갖 비리가 있었다. 관리들이 움직여야 하니 위로비 등의 잡비가 들었고, 창고로 들어간 화약의 양을 제대로 확인하지 않으면, 창고를 맡은 관리들이 화약을 훔치기도 했다. 다산은 수령이 이런 것도 하나하나 살펴 실제 수량을 정확히 파악해야 비리를 막을 수 있다고 말했다. 당시 화약 1백근 이상을 훔치면 사형으로 다스렸다.

병기 보수는 수시로 해야 한다

若朝令申嚴 以時修補 未可已也
약 조 령 신 엄 이 시 수 보 미 가 이 야

만약 조정의 명령이 엄중하면
때때로 병기를 보수하는 일을 하지 않을 수 없을 것이다.

조선시대에 절도사가 불시에 한 고을을 조사하여 수령이 병기를 잘 관리하지 못하면 곤장형을 내리기도 했다. 조총을 관리하는 데 폐단이 많았다. 조총의 철통 구멍이 둥글고 곧아야 하는데, 구멍이 막히거나 바르지 않으면 쓸모없는 총이었다. 조총을 보관하는 창고지기들이 좋은 총은 민간에 많은 값을 받고 팔고, 망가진 시중의 총을 헐값으로 사서 채워 넣는 경우가 많아, 총의 수량이 맞아도 실제로 쓸 만한 총이 없는 폐단이 있었다.

제4조 권무(勸武) : 무예를 권장함

무예를 권장하는 것이 급선무다

東俗柔謹 不喜武技 所習惟射 今亦不習 勸武者
동 속 유 근 불 희 무 기 소 습 유 사 금 역 불 습 권 무 자
今日之急務也
금 일 지 급 무 야

우리나라의 풍속은 온유하고 신중하여 무예를 즐기지 않고 익히는 것은 오
직 활쏘기뿐이다.
근래에는 이마저 익히지 않으니 무예를 권장하는 것은 오늘날의 급선무다.

다산은 당시 관에 보관된 활이 비와 습기에 견딜 수 없어 쉽게 부
러지고, 화살 끝에 날카로운 쇠촉이 없는 경우도 많아 어떤 물건도 제
대로 뚫을 수 없다고 했다. '관가 창고에 있는 활촉에 혹 날카롭게 날
이 선 것이 있다 해도 만에 하나도 안 되니, 만일 난리가 있게 되면 모
두가 맨주먹이요, 잡고 나설 것이 없다'라고 할 정도였다. 무과에도
폐단이 많아 시골에서 올라온 실력 있는 사람은 낙방하고, 서울의 유
약한 귀족자제들이 급제하는 것이 비일비재했다.

무예를 권하는 풍속을 만든다

牧之久任者 或至六朞 揣能如是者 勸之而民勸矣
목 지 구 임 자 혹 지 육 기 췌 능 여 시 자 권 지 이 민 권 의

수령으로서 오랫동안 재임하는 자는 혹 6년에 이른다.
이를 헤아려 수령이 무예를 권장하면 백성들도 힘쓸 것이다.

다산은 당시 조선의 과규(科規)는 이미 무너졌다고 보았다. 과거 시험이 공정하지 않고, 온갖 비리가 가득하다는 것이다. 하지만 지방 수령이 길게는 6년까지 재임하는 경우도 있으니, 수령이 법도 있게 무예를 권장하면 백성들도 반드시 서로 권장할 것으로 보았다. 무예를 숭상하는 기풍을 5년에서 6년 동안 지속해 점차 풍습이 되면 마침내 국가에도 도움이 될 것이라고 했다.

병기를 잘 활용한다

強弩之張設發放 不可不習
강 노 지 장 설 발 방 불 가 불 습

강한 쇠뇌를 설치하고 발사하는 방법을 익히지 않을 수 없다.

　다산의 실학자다운 면모를 볼 수 있는 부분이다. 쇠뇌는 활보다 더 멀리 쏠 수 있고, 파괴력도 강한 장거리 공격무기다. 활처럼 사람이 힘으로 당기고 있다가 쏘는 방식이 아니라, 장전한 후 빌시기 기능해, 힘센 성인 남자가 아니라도 쓸 수 있었고, 연속 발사까지 가능했다. 다산은 변란에 대비하기 위해서는 습기에 약하고, 쏘기 힘든 활보다는 장점이 많은 쇠뇌를 선호했던 것으로 보인다.

제5조 응변(應變) : 변란에 대비함

환란이 있을 때 대처법을 알아야 한다

守令乃佩符之官 機事多不虞之變 應變之法 不可不預講
수 령 내 패 부 지 관　기 사 다 불 우 지 변　응 변 지 법　불 가 불 예 강

수령은 병부를 가진 관원이다.
기밀한 일에는 예측하지 못하는 변화가 많으니,
변화에 대응하는 법을 미리 마련하지 않을 수 없다.

다산은 수령의 그릇, 도량을 중요하게 생각했다. 병부를 가진 수령
이 환란이 있을 때 크게 놀라 허둥지둥하고, 뜬소문에 휩쓸려 중심을
잡지 못하면 개인적으로는 사람들의 웃음거리가 되고, 공적으로는
백성들의 목숨이 위태롭게 된다. 미리 여러 가지 상황에 대한 시나리
오를 짜고 대응하는 법을 마련해두면, 큰일을 당해도 여유 있게 웃으
면서 대처할 수 있다. 다산은 평상시에 역대의 역사를 보고 옛사람들
이 행한 일을 취해 마음속에 담아둘 것을 권했다.

유언비어에는 의연하게 대처한다

訛言之作 或無根而自起 或有機而將發
와 언 지 작 혹 무 근 이 자 기 혹 유 기 이 장 발
牧之應之也 或靜而鎭之 或默而察之
목 지 응 지 야 혹 정 이 진 지 혹 묵 이 찰 지

유언비어는 근거 없이 저절로 생기기도 하고
혹은 기미가 있어 발생하기도 한다.
수령이 대응할 때 조용히 진압하기도 하고
혹은 묵묵히 살피기도 해야 한다.

사는 것이 힘들고, 관리들이 원망스러우면 백성들은 편히 살 수 없어 난리가 일어나길 원하기도 했다. 그렇게 생겨난 유언비어는 그냥 두면 조용히 사라지는 것이다. 모든 유언비어의 출처를 찾아내 법대로 죽이면 백성들은 하나도 살 사람이 없었을 것이다. 농사일이 바빠지면 백성들은 오고 가지 않아, 유언비어는 저절로 없어지곤 했다. 하지만 실제로 난을 일으키려는 사람들이 유언비어를 퍼뜨릴 수도 있었기에 수령은 묵묵히 동정을 잘 살펴야 했다.

변란에 동요하지 말고 차분하게 대처한다

凡有變亂 宜勿驚動 靜思歸趣 以應其變
범 유 변 란 의 물 경 동 정 사 귀 추 이 응 기 변

무릇 변란이 있으면 마땅히 놀라서 술렁대지 말고
고요히 그 귀추를 생각하고 그 변화에 따라 대응해야 한다.

예기치 못한 사고가 일어났을 때 보통 사람이 하듯이 행동하면 그 사고를 의도적으로 일으킨 사람의 계책에 말려드는 것이다. 송(宋)나라의 우윤칙은 잔치를 벌이는 중에 무기고에서 불이 나도 술 마시는 것을 멈추지 않았다. 조금 뒤 불은 저절로 꺼졌는데, 우윤칙은 이렇게 말했다.

"무기고는 화재를 매우 엄격히 단속하는데, 잔치 중에 불이 난 것은 반드시 간악한 사람이 한 짓이다. 만일 잔치를 중지하고 불을 끄러갔으면 반드시 예측하지 못하는 변고가 있었을 것이다."

제6조 어구(禦寇) : 외적을 방어함

수령은 장수와 같이 지역을 방어해야 한다

値有寇難 守土之臣 宜守疆域 其防禦之責 與將臣同
치 유 구 난 수 토 지 신 의 수 강 역 기 방 어 지 책 여 장 신 동

도적의 난리를 만나면 수령은 마땅히 지역을 지켜야 한다.
그 방어의 책임은 장수와 같다.

지방의 수령은 자기가 다스리는 지역에 대해서는 방어의 책임이
있었다. 다산은 고려시대 송문주(宋文胄)의 사례를 다음과 같이 전했
다. '송문주가 죽주 방호별감(竹州防護別監)이 되었을 때의 일이다. 몽
고 군사가 성 밑에 이르러 투항을 권하자 격퇴시켰다. 몽고군은 다
시 포를 쏘며 사면으로 성을 공격해 성문이 부서져 떨어졌다. 하지만
포로 대응해, 몽고군은 감히 접근하지 못하였다. 몽고군이 또 짚단에
불을 붙여 들고 쳐들어오자 일시에 문을 열고 돌격하여, 싸우다 죽은
몽고군의 수를 셀 수 없을 정도였다.'

허허실실의 계책을 알아두어야 한다

兵法曰 虛而示之實 實而示之虛 此又守禦者 所宜知也
병 법 왈 허 이 시 지 실 실 이 시 지 허 차 우 수 어 자 소 의 지 야

병법에 말하기를, "허(虛)하면 실(實)하게 보이고, 실하면 허하게 보인다" 했으
니, 이 또한 방어하는 자가 마땅히 알아야 할 것이다.

손무는 《손자병법》에서 '적으로 하여금 스스로 오게 하는 것은 그
것이 이롭게 보여야 하고, 적으로 하여금 오지 못하게 하는 것은 그것
이 해롭게 보여야 한다(能使敵人自至者 利之也 能使敵人不得至者 害之也)'라
고 했다. 약하면 오히려 강한 듯이 보여 감히 움직이지 못하게 하고,
강하면 오히려 약한 것처럼 해서 적을 끌어들이는 허허실실의 계책
을 알아두라는 말이다.

전장이 아닌 곳에서는 군비를 충당한다

兵所不及 撫綏百姓 務材訓農
병소불급 무수백성 무재훈농
以贍軍賦 亦守土之職也
이섬군부 역수토지직야

적병이 미치지 않는 곳에서는 백성을 위로하여 안정시키고, 인재를 기르고 농사를 권장하여 군비를 충당하는 것 또한 지방을 지키는 수령의 직무다.

전쟁이 일어났다고 해서 온 나라가 전쟁만 하는 것은 아니었다. 전장이 아닌 곳에서는 백성들을 모아 군비를 충당할 수 있도록 하는 것이 수령의 직무였다. 전쟁 상황에서 백성들의 몸과 마음을 안정시키고 흩어지는 것을 막는 것이 중요한 일이었다. 수령은 백성들이 흩어지는 것보다 함께 모여 제각기 안정을 찾는 것이 더 이익이라는 것을 알려, 인재를 기르고 농사를 권장하면서 물자를 수송 공급하여 나라에 도움이 되도록 해야 한다는 말이다.

공정하게 형을 집행하려면

형전육조 刑典六條

'형전(刑典)'에서는 소송, 감옥 관리 등 형벌과 관련된 내용을 다루었다.

제1조 청송(聽訟)은 송사를 듣고 처리하는 것,

제2조 단옥(斷獄)은 옥사를 판결하는 것,

제3조 신형(愼刑)은 형벌을 삼갈 것,

제4조 휼수(恤囚)는 죄수를 불쌍히 여길 것,

제5조 금포(禁暴)는 지방에서 세력이 강한 자들의 횡포를 금할 것,

제6조 제해(除害)는 도적, 호랑이, 잡귀와 같은 위해를 제거하는 것이다.

제1조 청송(聽訟) : 송사를 듣고 처리함

자기 몸을 바로 세워야 판결할 수 있다

聽訟之本 在於誠意 誠意之本 在於愼獨
청 송 지 본 재 어 성 의 성 의 지 본 재 어 신 독

송사를 듣고 처리함의 근본은 성의에 있고, 성의의 근본은 신독(愼獨)에 있다.

'청송(聽訟)'은 송사를 잘 듣고 처리하는 것이다. 송사에 휘말린 사람들은 각기 억울한 사정이 있으니, 그 억울한 사정을 잘 들어주어야 한다. 공자는《논어》에서 자신이 '송사를 처리하는 것은 다른 사람만큼 할 수 있지만, 중요한 것은 송사 자체를 없게 하는 것'이라고 말했다. 다산은 송사가 없게 하려면 수령이 성의(誠意, 자신을 있는 그대로 드러내 속이지 않음)와 신독(愼獨, 홀로 있음에도 스스로 삼가함)으로 자신을 닦아 백성들을 감동시키고, 감히 거짓을 말하지 못하도록 두려워하게 해야 한다고 보았다.

답답한 사정을 말할 수 있게 한다

壅蔽不達 民情以鬱 使赴愬之民
옹 폐 부 달　민 정 이 울　사 부 소 지 민

如入父母之家 斯良牧也
여 입 부 모 지 가　사 양 목 야

막고 가려져 통하지 못하면 백성의 사정은 답답하게 된다.

달려와 호소하는 백성으로 하여금 부모의 집에 들어오는 것처럼 하게 한

다면 이것이 어진 수령이다.

판결의 권한을 가진 사람이 너무 멀고 어렵게 느껴지면 억울한 사

람들이 쉽게 입을 열 수 없다. 그래서 다산은 백성들이 수령에게 호

소하는 것을 마치 부모에게 와서 이야기하는 것처럼 편안하게 할 수

있게 해야 한다고 말한 것이다. 당시 백성들은 수령을 멀게 느끼기도

했지만, 가까이는 아전들의 눈치를 살폈다. 권세 있는 아전들이 눈을

부릅뜨고 걸핏하면 엄포를 놓거나 매를 들었기 때문이다. 현명한 수

령은 억울함이 있는 사람들을 위해 관문 밖에 북을 걸어두거나 아전

들이 중간에서 막는 것을 금지했을 것이다.

한쪽 말만을 듣지 않는다

凡有訴訟 急疾奔告者 不可傾信 應之以緩徐 察其實
범 유 소 송 급 질 분 고 자 불 가 경 신 응 지 이 완 서 찰 기 실

무릇 소송이 있을 때 급히 달려와 고하는 자를 그대로 믿어서는 안 된다.
여유 있게 응하여 천천히 그 사실을 살펴야 한다.

　다산은 정선(鄭瑄)의 말을 인용하면서, 소송이 시작되면 사람들이
실제보다 더 과장하거나 애매한 사실까지 끌고 와 분풀이를 한다고
말했다. 예를 들어, 매 맞은 것을 죽었다고 말하거나 재물로 다툰 것
을 겁탈했다고 한다. 혹은 남의 집에 들어간 것을 도둑질했다고 하거
나 남의 묘에 침범한 것을 시신을 발굴했다고 한다. 시비를 가리는
것을 떠나 이렇게 엮고, 저렇게 엮어서 상대를 괴롭게 만들어 소동을
일으키는 것이다. 이때 수령이 급하게 한쪽 말만 듣지 말고 여유 있
게 사실을 가려내야 한다는 것이다.

사실을 기반으로 숨겨진 사실을 밝혀낸다

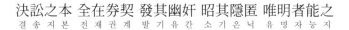

決訟之本 全在券契 發其幽奸 昭其隱匿 唯明者能之
결 송 지 본 전 재 권 계 발 기 유 간 소 기 은 닉 유 명 자 능 지

송사 판결하는 근본은 모두 문서에 있다.

그 깊은 간계와 숨겨진 사실을 밝혀내는 것은 오직 명석한 수령이라야 할
수 있다.

판결은 사람의 말을 듣고 하는 것이 아니라 정확한 사실을 바탕으
로 해야 한다. 사실은 전부 문서에 기록되어 있다. 다산은 이원익(李
元翼, 1547~1634)의《청송정요(聽訟政要)》를 인용하면서 문서를 살피는
방법을 세세하게 전했다. 그 내용은 다음과 같다. '문서를 만든 시기
를 보고, 호적이 있는지 확인하고, 공문서의 격식에 어긋난 것이 있는
지 살피며, 법조문의 기한을 살핀다. 또한, 양쪽의 문서를 비교하고,
문서의 덧붙이고 긁어낸 것을 살피며, 인장의 진위를 확인하는 것' 등
이다.

제2조 단옥(斷獄) : 옥사를 판결함

밝게 살피고 신중하게 생각하라

斷獄之要 明愼而已 人之死生 係我一察 可不明乎
단 옥 지 요 명 신 이 이 인 지 사 생 계 아 일 찰 가 불 명 호
人之死生 係我一念 可不愼乎
인 지 사 생 계 아 일 념 가 불 신 호

옥사를 판결하는 요체는 밝게 살피고 신중하게 생각하는 것뿐이다.
사람의 죽고 사는 것이 한번 살피는 데 달렸으니 어찌 밝게 살피지 않을 수
있겠으며, 사람의 죽고 사는 것이 한번 생각하는 데 달렸으니 어찌 신중하
지 생각하지 않을 수 있겠는가.

옥사의 일을 판단할 때는 신중하지 않을 수 없다. 한번 잘못 판결
하면 후에 오판을 인정한다고 하더라도 이미 죄인으로 몰린 사람이
당한 고통을 되돌릴 수 없다. 다산은 옥사를 판단하는 것은 밝고 삼
가는 수밖에 없다고 말한다. 밝기만 하고 신중하게 처리하지 않으면
충분한 검토 없이 빠르게만 진행되어 오판할 여지가 있다. 그러면 억
울한 사람이 생기고, 원망이 있을 것이다. 신중하기만 하고 밝지 않
으면 일이 지체된다. 시간을 끌수록 결단이 더욱 어려워진다.

의심나면 가벼운 죄로 처리한다

疑獄難明 平反爲務 天下之善事也 德之基也
의 옥 난 명 평 반 위 무 천 하 지 선 사 야 덕 지 기 야

의심나는 옥사는 밝히기 어려우니 가볍게 처리함이 가장 선한 일이며 덕의
바탕이다.

　다산은 확실하게 유죄라고 보기 힘든 경우에는 되도록 벌을 가볍
게 주는 것이 선하다고 보았다. 오늘날에는 '무죄추정의 원칙'이 있
다. 피고인이나 피의자의 유죄가 확정되기 전까지는 무죄로 추정한
다는 원칙으로, 그들의 인권을 보호하기 위한 것이다. 다산은 옥사를
공평하게 처리하는 요체를 담아 별도로 《흠흠신서》를 지을 정도로
옥사의 공명정대함과 관대함을 중요하게 생각했다.

잘못된 판결에 대해서는 과실을 인정한다

錯念誤決 旣覺其非 不敢文過 亦君子之行也
착 념 오 결　기 각 기 비　불 감 문 과　역 군 자 지 행 야

잘못된 생각으로 그릇 판결한 것에 대해 그 잘못을 깨닫고,
감히 허물을 숨기지 않는 것 역시 군자의 행실이다.

수령도 사람이니 잘못 판결할 수 있다. 오늘날 판사도 마찬가지다.
잘못을 알았으면 빨리 인정하고 그 허물을 숨기지 말아야 한다. 다른
일은 잘못되어도 판단을 잘못한 그 사람의 허물로 끝날 수 있지만, 옥
사의 판결은 사람을 죽음에 이르게 할 수도 있는 일이다. 성정이 사
납고 관대하지 않은 상관을 만났다고 하더라도 그에게 아부하기 위
해서 무고한 사람을 죄인으로 몰아가서는 안 된다. 다산은 자기 자리
를 잃더라도 옥사에 신중함과 관대함을 보이는 수령을 칭찬했다.

제3조 신형(愼刑) : 형벌을 삼감

형벌은 마지막 수단이다

刑罰之於以正民 末也 律己奉法 臨之以莊 則民不犯
형 벌 지 어 이 정 민 말 야 율 기 봉 법 임 지 이 장 즉 민 불 범
刑罰雖廢之 可也
형 벌 수 폐 지 가 야

형벌은 백성을 바로잡는 데 말단의 방편이다.
수령이 자신을 다스리고 법을 받들어 엄정하게 임하면 백성이 죄를 범하지
않을 것이니, 형벌은 비록 폐지하더라도 좋다.

나라를 다스리는 것과 한 가정을 다스리는 것은 그 근본 이치가 다
르지 않다. 만약 가장이 벌을 주는 방식으로만 집안사람들을 다스리
려고 하면 벌을 피하려고만 하지, 마음을 열고 따르려고 하지 않을 것
이다. 마찬가지로 백성을 바로잡는 데 형벌로만 하려고 하면 백성들
이 죄를 범하는 그 근본 마음을 다스릴 수 없다. 법망에 걸려 형벌을
받게 되면 재수가 없다고 생각하지, 진정으로 뉘우치지 않기 때문이
다. 형벌이 아니라 모범을 보여야 한다.

형벌은 너그럽게 한다

古之仁牧 必緩刑罰
고 지 인 목   필 완 형 벌

一時之忿 濫施刑杖 大罪也
일 시 지 분   남 시 형 장   대 죄 야

옛날 어진 수령은 반드시 형벌을 너그럽게 했다.
한때의 분한 마음으로 형장을 남용하는 것은 큰 죄다.

형벌에는 사사로운 마음이 들어가면 안 된다. 또한, 형벌은 최소한으로만 사용하는 것이지, 남용해서도 안 된다. 어질지 못한 수령은 형벌에 사심이 들어가거나 그것을 남용하기 쉽다. 형벌로만 다스리려고 들면 백성들은 죄만 피하려고 할 뿐, 깊이 뉘우쳐 마음을 바꾸지 않는다. 다산은 선대 왕들이 가혹한 형벌을 경계한 예를 들어 형벌을 너그럽게 할 것을 권하고 있다. 예를 들어, 세종 12년에 '관리들이 등에 매질하여 인명을 상하는 일이 없게 하라'고 했고, 숙종 18년에는 '(수령들이 백성들을) 마음대로 때려죽여 견책을 받은 자가 하나둘이 아니다. 다시 등용하지 않음으로 징계하고 두려워할 줄 알게 하라'고 했다.

악형은 함부로 쓰지 않는다

惡刑 所以治盜 不可輕施於平民也
악 형   소 이 치 도   불 가 경 시 어 평 민 야

악형은 도적을 다스리려는 것이니,
평민들에게 가볍게 사용해서는 안 된다.

　　도적을 다스리는 악형은 두 가지가 있었다. 하나는 난장(亂杖)으로, 발가락을 뽑는 형벌이고, 다른 하나는 나무를 양쪽 다리 사이에 함께 끼워 누르는 주리, 다른 말로 협곤(夾棍)이다. 난장은 영조 46년에 없앴지만, 다산이 《목민심서》를 지을 당시 주리는 남아 있었다. 주리를 트는 형벌을 받은 사람은 다리가 상해 부모에게 제사 지낼 때 절을 하지 못한 것으로 전해질 정도로 끔찍한 형벌이었다. 다산은 이런 벌은 절대 가볍게 써서는 안 된다고 강조했다.

제4조 휼수(恤囚) : 죄수를 불쌍히 여김

감옥에 갇힌 자의 고통을 헤아려야 한다

獄者 陽界之鬼府也 獄囚之苦 仁人之所宜察也
옥 자 양 계 지 귀 부 야 옥 수 지 고 인 인 지 소 의 찰 야

감옥은 이 세상의 지옥이다.
감옥에 갇힌 죄수의 고통을 어진 사람은 마땅히 살펴야 한다.

다산은 수령이 마땅히 옥에 갇힌 죄수의 고통을 헤아려야 한다고
말했다. 그리고 죄수의 고통을 다섯 가지로 구분했다. 형틀의 고통,
물건을 빼앗기는 고통, 병이 들어 옥 안에서 아픈 고통, 추위와 굶주
림, 오래 지체하는 고통이 그것이다. 어떤 죄수라도 이런 고통을 피
할 수 없어 괴로워했다. 사형수는 어차피 곧 죽을 것인데 고통을 다
견뎌내야 하고, 죄가 크지 않은 사람은 작은 벌을 받고 풀려나야 하
는데 고통을 다 겪어야 한다. 모함당한 사람은 억울하게 겪지 않아도
될 고통을 견뎌야 했다.

감옥 안의 사정을 살펴야 한다

獄中討索 覆盆之冤也 能察此冤 可謂明矣
옥 중 토 색　복 분 지 원 야　능 찰 차 원　가 위 명 의

옥중에서 금품을 빼앗기는 것은 남이 알지 못하는 원통한 일이다.
수령이 이 원통함을 살필 수 있다면 현명한 것이다.

　다산은 죄인이 옥중에서 금품을 빼앗기는 다양한 사례를 열거하며
그 폐단을 안타까워했다. 가족들이 밥이나 옷을 넣어주어도 옥졸에
게 따로 돈을 주시 않으면 그것을 빼앗아버린다. 앉는 자리에도 가격
이 있고, 등불이나 땔감 등에도 모두 거두는 것이 있다. 이런 폐단을
위에서 금지하려고 해도 비웃기만 할 뿐이고, 아래에서 고자질하면
더욱 가혹하게 학대했다. 다산은 이런 폐단을 없애려면 사람을 가두
지 않는 수밖에 없다고 말했다.

유배당한 자의 심정을 헤아려 보살핀다

流配之人 離家遠謫 其情悲惻 館穀安挿 牧之責也
유 배 지 인　이 가 원 적　기 정 비 측　관 곡 안 삽　목 지 책 야

유배당한 사람은 집을 떠나 멀리 귀양 왔으니 그 실상이 슬프고 측은하다.
집과 곡식을 주어 편히 지내게 하는 것이 수령의 직무다.

　유배를 당하는 사람은 죽을 정도의 죄를 지지 않은 것이었다. 조선
후기에는 당파 싸움으로 억울하게 유배 온 사람도 많았다. 정국이 변
해 대세가 기울어지면 오늘의 죄인이 오히려 높은 자리를 얻을 수도
있었고, 그 반대가 될 수도 있었다. 다산은 유배당한 사람을 불쌍히
여겨 돕는 것이 수령의 직무라고 말했다. 자신이 유배의 설움을 겪으
면서 다음과 같은 시를 지었다. '小窮有人憐(소궁유인련, 조금 궁하면 불
쌍히 여기는 사람이 있지만) 大窮無人恤(대궁무인휼, 크게 궁하면 도우려는 사
람이 없다).'

제5조 금포(禁暴) : 횡포를 금함

횡포를 막고 난동을 금지한다

禁暴止亂 所以安民 搏擊豪強 毋憚貴近 亦民牧之攸勉也
금 포 지 란 소 이 안 민 박 격 호 강 무 탄 귀 근 역 민 목 지 유 면 야

횡포를 막고 난동을 금지하는 것은 백성을 편안하게 하기 위함이다.
세력이 강한 자를 쳐 물리치고 귀족의 측근을 꺼리지 않는 것 또한 수령이
힘쓸 일이다.

'호가호위(狐假虎威, 여우가 호랑이의 위세를 빌려 호기를 부리는 것, 즉 남의
위세에 기대어 패악질을 하는 것)'라는 말이 있듯이 조선시대에도 자기를 봐
주는 사람을 믿고 횡포를 부리는 자들이 있었다. 다산은 이들을 일곱
부류로 구분하고, 이들의 횡포를 막는 것이 수령의 일이라고 말했다.

첫째, 귀척(貴戚) : 임금의 인척. 둘째, 권문(權門) : 대대로 권세 있는
가문의 사람. 셋째, 금군(禁軍) : 용호영에 속한 기병. 넷째, 내신(內臣) :
승정원의 승지와 같이 궐내의 신하. 다섯째, 토호(土豪) : 지방의 호족.
여섯째, 간리(奸吏) : 간사한 관리. 일곱째, 유협(游俠) : 불량한 짓을 하
는 패거리이다.

권력을 믿고 날뛰는 자를 경계한다

禁軍怙寵 內官橫恣 種種憑藉 皆可禁也
금군호총 내관횡자 종종빙자 개가금야

금군이 임금의 총애를 믿고 날뛰고, 내관이 방자한 짓을 하는 등
여러 가지 권력을 빙자한 일은 모두 금지해야 한다.

다산은 여러 사례를 들어 권력을 빙자한 횡포를 단호하게 처단할
것을 말했다. 그중 김시진(金始振, 1618~1667, 전라도 관찰사 등을 역임한
조선 후기 문신)의 일화는 다음과 같다. 김시진이 수원 부사로 부임했
는데, 경내에 내시 이일선의 동생이 살고 있었다. 그는 형의 세력을
믿고 방자하게 행동하고, 비밀로 해야 할 국가의 중대한 사안을 누설
하기도 했다. 김시진은 그를 불러 바로 머리를 베어버리고 저잣거리
에 돌렸다. 김시진은 두려워하는 사람들에게 '일이 생기면 내가 벌을
받을 것이다'라고 말하며 별도로 보고하지도 않았지만, 이일선은 아
무 말도 하지 못했다.

객기로 난동 부리는 것을 금한다

惡少任俠 剽奪爲虐者 亟宜戢之 不戢將爲亂矣
악 소 임 협 표 탈 위 학 자 극 의 즙 지 부 집 장 위 란 의

포악한 젊은이들이 객기를 부리며 노략질하고, 포악한 짓을 하는 것을 즉시
금해야 한다. 금지하지 않으면 장차 난동을 일으킬 것이다.

한마디로 수령이 치안을 잘 유지해야 한다는 것이다. 여기서 '악소
(惡少)'는 '성정이 악한 젊은이들'이라는 뜻으로, 불량배, 폭력배 정도
로 이해하면 될 것이다. 이들이 객기를 부리면서 질서를 어지럽히면
단호하게 대처해야 했다. 불량한 자들이 협기를 내세우며 몰려다니
면서 관리를 살해하거나, 돈을 받고 남을 살해하고, 민가에 들어가 도
둑질하는 등의 악행을 저지르기도 했는데, 이것을 그대로 두면 백성
들의 생활이 안정될 수 없었다. 힘을 숭상하는 자들은 힘에 쉽게 굴
복한다. 이들은 일벌백계로 단호하게 처단하면 순종하기 마련이다.

제6조 제해(除害) : 위해를 제거함

백성에게 해가 되는 것을 제거한다

爲民除害 牧所務也 一日盜賊 二日鬼魅 三日虎
위 민 제 해 목 소 무 야 일 왈 도 적 이 왈 귀 매 삼 왈 호
三者息而民患除矣
삼 자 식 이 민 환 제 의

백성을 위해 위해를 제거하는 일은 수령의 직무다.

그 첫째는 도적이요, 둘째는 잡귀요, 셋째는 호랑이다.

이 세 가지가 없어져야 백성의 근심이 덜어질 것이다.

도적과 호랑이처럼 눈에 보이는 위험은 무력을 써서 제압할 수 있다. 하지만 눈에 보이지 않는 귀신은 미신에서 비롯된 것이라 한번에 제거하기가 어렵다. 다산은 '귀신으로 인한 걱정은 반드시 사람이 만드는 데서 오는 것'이라고 했다. 다산이 보기에 음란한 사당집과 요사한 무당이 곧 귀신이 의지하는 곳이었는데, 먼저 이런 요사한 것들을 제거하는 것을 수령이 해야 할 일로 보았다.

도적이 생기는 세 가지 이유

盜所以作 厥有三絲
도 소 이 작 궐 유 삼 유

上不端表 中不奉令 下不畏法 雖欲無盜 不可得也
상 부 단 표 중 불 봉 명 하 불 외 법 수 욕 무 도 불 가 득 야

도적이 생기는 것은 세 가지가 이유가 있다.
위에서 위엄 있는 태도를 바르게 하지 못하고
중간에서 명령을 받들지 않고,
아래에서 법을 두려워하지 않기 때문이다.
아무리 도적을 없애려 해도 되지 않는다.

수령이 위에서 탐욕과 불법을 자행하면, 그것을 본 백성들이 자연스럽게 도적이 될 수 있다. 다산은 목민관이 모범을 보이지 않으면 백성들끼리 모여 앉아, "지위와 명망이 저렇게 높고 국가의 은혜가 저러한데 외려 도둑질한다. 우리처럼 보잘것없는 인간들이야 아침에 저녁 일을 예측하지 못하는 형편인데 어찌 초라하게 상심만 하며 지낼 것인가" 하면서 도적질을 하게 된다며 수령의 청렴함을 강조했다.

이치를 살피고
사물을 분별하는 눈을 가져야 한다

察理辨物 物莫遁情 唯明者爲之
찰 리 변 물   물 막 둔 정   유 명 자 위 지

이치를 살피고 사물을 분별하면 그 실상을 속이지 못하는 것이니,
오직 현명한 자만이 할 수 있다.

수령이 이치에 밝고 사물을 분별하는 눈을 가졌다면 도적의 속임
수를 피할 수 있다. 다산은 전진(前秦) 시대 부융(符融)이라는 수령의
예를 들었는데, 다음과 같다. 한 노파가 강도를 만났는데 행인이 쫓
아가서 그를 사로잡았다. 그런데 그 강도가 도리어 행인을 무고했다.
부융은 "두 사람이 함께 뛰어서 먼저 달리는 자가 도적이 아니다"라
고 하고, 빨리 뛴 사람을 풀어주었다. 도적이 만일 잘 달린다면 잡히
지 않았을 것이니, 먼저 달리는 자가 죄 없는 사람이라고 보았기 때문
이었다.

錯念誤決 旣覺其非
착 념 오 결　기 각 기 비

不敢文過 亦君子之行也
불 감 문 과　역 군 자 지 행 야

잘못된 생각으로 그릇 판결한 것에 대해

그 잘못을 깨닫고,

감히 허물을 숨기지 않는 것 역시

군자의 행실이다.

내실을 다지려면

공전육조 工典六條

'공전(工典)'에서는 산림, 하천 등의 공공자원과 도로, 공공건물 등
시설물의 관리에 대해 다루었다.

제1조 산림(山林)은 나무를 가꾸는 것,

제2조 천택(川澤)은 수리 시설을 관리하는 것,

제3조 선해(繕廨)는 공공건물을 보수하는 것,

제4조 수성(修城)은 성을 수리하는 것,

제5조 도로(道路)는 길을 닦는 것,

제6조 장작(匠作)은 공산품을 제작하는 것이다.

제1조 산림(山林) : 나무를 가꿈

산림은 나라의 자산이다

山林者 邦賦之所出 山林之政 聖王重焉
산 림 자 방 부 지 소 출 산 림 지 정 성 왕 중 언

산림은 나라의 공물과 세금이 나는 곳으로,
산림에 대한 정사를 고대의 성왕이 소중히 여겼다.

다산은 당시 산림에 대한 정사가 문제가 많다고 지적했다. 소나무를 베어가는 것을 엄격하게 금지하는 것이 백성들의 현실과 너무나 거리가 있다는 것이다. 즉, 죽은 사람을 장사하거나 일상생활에 소용되는 물건을 만드는 데 꼭 필요한 것이 소나무인데, 벌목을 엄격하게 금지하니 백성이 따를 수가 없었다. 금령(禁令)을 내리고 법을 적용해 벌을 주어도, 산림은 날로 벌거숭이가 되어가고 국가의 재정은 날로 결핍하게 되었다. 다산은 이런 일을 일개 수령의 힘으로는 어찌하기 힘들다고 지적했다.

부역의 농단을 잘 살펴야 한다

黃腸曳木之役 其有奸弊者 察之
황 장 예 목 지 역 기 유 간 폐 자 찰 지

황장목을 끌어 내리는 부역에
농간하는 폐단이 있으니 자세히 살펴야 한다.

황장목은 임금이나 황후의 관을 짜는 쓰는 목재를 말한다. 황장목
을 산에서 베어 끌어내는 날에는 수많은 백성이 부역에 동원되었다.
이때 아전과 장교가 인부들의 등을 채찍질하고 꽁무니를 발로 차, 백
성의 괴로움이 컸다. 다산은 '부유한 마을과 부유한 집은 모두 돈으로
부역을 피하고, 파리하고 잔약하며 병든 백성들만이 그 부역으로 유
독 고통을 당한다'라고 하며 수령이 이를 잘 살펴야 한다고 말했다.

보물 채굴 이전에 백성의 삶을 살펴라

土産寶物 無煩採掘 以爲民病
토 산 보 물 무 번 채 굴 이 위 민 병

지방에서 생산되는 보물을 번거롭게 채굴하여
백성들의 병폐가 되게 하는 일이 없도록 해야 한다.

지방마다 채굴되는 보석이 있었다. 예를 들면, 경주의 수정, 성천의 황옥, 면천의 오옥, 장기의 뇌록, 남포의 연석 등이었다. 보물은 그냥 얻을 수 있는 것이 아니었다. 수령이 보물을 구해다 바치라고 명하면 백성들이 생업을 제쳐두고 채취해야 했다. 그래서 다산은 '보물이 오히려 지방 백성들에게 뼈저린 병폐를 주게 된다'고 말했다. 따라서 수령은 백성들의 괴로움을 살펴 누가 구해달라고 해도 무시하고, 해임되어 돌아가는 날에도 한 조각도 짐 속에 넣어가는 일이 없어야 한다고 당부했다.

훌륭한 관리는 수리에 힘쓴다

川澤者 農利之所本 川澤之政 聖王重焉
천 택 자 농 리 지 소 본 천 택 지 정 성 왕 중 언

하천과 연못은 농사에서 얻는 이익의 근본이 되는 것이므로,
그에 대한 정사를 성왕들이 소중하게 여겼다.

백성의 생활을 풍족하게 해주는 것이 수령의 가장 큰 직무였다. 그
것은 곧 농사에 힘써야 한다는 말이고, 농사의 근본은 물을 다스리는
것이었다. 다산은 수령이 물을 다스리는 일에 적극적이어야 한다고
했다. 구체적으로는 제방은 무너질 수 있으니 수시로 보수하고, 도랑
은 막히는 수가 있으니 수시로 뚫어서 트이게 하고, 물이 언덕을 넘치
는 일이 있으니 수시로 물길을 돌리고, 밭 사이 도랑이 망가지는 일이
있으니 보완을 권장하여야 한다는 것이다.

토호와 귀족의 횡포를 금지하라

土豪貴族 擅其水利 專漑其田者 嚴禁
토 호 귀 족 천 기 수 리 전 개 기 전 자 엄 금

토호와 귀족이 수리를 독점해 제멋대로 자기의 전답에만 물 대는 것을 엄금해야 한다.

힘 있는 자들이 자기 논밭에만 물을 대면 힘없는 백성들은 농사를 제대로 지을 길이 없었다. 수령은 토호와 귀족의 횡포에 눈감거나 동조하지 말고, 백성 편에 서서 소수가 물을 독점하는 것을 막아야 했다. 이와 더불어 제방을 쌓거나 수로를 수리한다는 명목으로 민가의 사람들을 동원하여 일을 시키는 것도 엄중하게 처단해야 할 일이었다. 다산은 《목민심서》 곳곳에서 수령은 언제나 백성 편이어야 함을 강조한다.

홍수의 피해가 있는 곳에는 제방을 만든다

江河之濱 連年衝決 爲民巨患者 作爲隄防 以安厥居
강 하 지 빈 연 년 충 결 위 민 거 환 자 작 위 제 방 이 안 궐 거

강과 하천 주변에 해마다 홍수로 백성들의 커다란 근심거리가 되는 것은,
제방을 만들어 안심하고 살게 해야 한다.

    홍수의 피해가 있는 지역이라면 강과 하천 주변에 제방을 쌓아 대비해야 하는 것은 상식이다. 하지만 변변한 기구도 없던 조선시대에 제방을 쌓는다는 것은 몇몇 사람의 힘으로 할 수 있는 일이 아니었다. 농사지을 사람도 모자란 판에 선뜻 나설 사람이 없었을 것이다. 수령이 나선다고 하더라도 아전이나 백성들이 힘쓰기를 꺼리기도 했다. 다산은 원성 현감이었던 김필진(金必振, 1635~1691)이 주위의 반대를 무릅쓰고 7일간 매일 2천 명을 동원해 제방을 완성하여, 그 지방의 수해를 완전히 없어지게 했다고 전한다.

제3조 선해(繕解) : 공공건물의 보수

무너진 관아는 보수해야 한다

廨宇頹圮 上雨旁風 莫之修繕
해 우 퇴 비 　 상 우 방 풍 　 막 지 수 선

任其崩毀 亦民牧之大咎也
임 기 붕 훼 　 역 민 목 지 대 구 야

관아가 무너져 위로는 비가 새고 옆으로는 바람이 들어오는데도
수리하지 않고 그대로 내버려두는 것은 또한 수령의 큰 잘못이다.

수령들이 무너진 관아를 보수하지 않는 이유가 몇 가지 있었다. 먼저, 현명하지 못한 수령은 정신이 온통 돈 벌고 벼슬을 지키는 방법을 찾는 데에만 팔려 있어서, 관아가 백번 무너져도 고칠 생각을 하지 않았다. 또한, 목민관의 임기가 2년 정도로 짧아서 굳이 공사하지 않고 대충 땜질하여 버티기도 했다. 마지막으로, 보수 공사를 하는 과정에서 경비를 남용하고 아전들이 비리를 저지르면 법의 그물에 걸려 위태로움에 처할 수도 있었기 때문이다.

사람과 자원을 모을 때 깊이 헤아려야 한다

鳩材募工 總有商量
구 재 모 공 총 유 상 량

弊竇不可不先塞 勞費不可不思省
폐 두 불 가 불 선 색 노 비 불 가 불 사 생

재목을 모으고 기술자를 모집하는 것은 전체적인 헤아림이 있어야 한다.

폐단이 생길 구멍을 먼저 막지 않을 수 없고,

노력과 비용이 덜 들도록 생각하지 않을 수 없다.

공사 계획을 세울 때 구상 단계에서 헤아림이 부족하면 경비를 낭비할 여지가 많았다. 무엇보다 사람을 얻는 것이 어려웠는데, 유능한 사람은 비용이나 자재 등을 속이는 수가 많고, 속임수를 쓰지 않는 사람은 굼뜨고 어리석은 자가 많았기 때문이다. 공사할 때 좋은 자재를 얻는 것보다 좋은 공인을 얻는 것이 힘든 일이었다. 다산은 이렇게 사람을 구하는 것 외에 비용의 취합, 재목의 수집, 흙과 물의 확보와 활용, 돌을 다듬는 일 등을 유의해야 한다고 강조했다.

운치 있는 환경을 만든다

治廨既善 栽花種樹 亦清士之跡也
치 해 기 선 재 화 종 수 역 청 사 지 적 야

관아를 잘 짓고 수고한 뒤에는
꽃을 기르고 나무를 심는 것 또한 맑은 선비의 자취다.

자연의 풍취는 선비의 고고한 기품을 더해준다. 다산은 관아를 수리한 뒤에는 꽃을 기르고 나무를 심어 맑은 선비의 자취를 남기라고 말했다. 선비들은 특히 매화, 난초, 국화, 대나무 사군자(四君子)를 사랑했다. 이른 봄에 가장 먼저 꽃피는 매화는 지조와 절개를, 은은한 향기를 지닌 난초는 고결함을, 늦가을까지 꽃피우는 국화는 은일 자적함을, 사철 푸르고 곧게 자라는 대나무는 품격과 강인한 기상을 상징했다.

제4조 수성(修城) : 성을 수리함

성을 수리하는 것은 수령의 직무

修城浚濠 固國保民 亦守土者之職分也
수 성 준 호 고 국 보 민 역 수 토 자 지 직 분 야

성을 수리하고 해자를 파서 국방을 튼튼히 하고
백성들을 보호하는 일 또한 수령들의 직무다.

다산은 《예기》의 일부를 인용해 성을 수리하는 것은 수령의 직무
임을 강조한다. '맹추(孟秋, 음력 7월)에 담이 터진 곳을 막고 성곽을 보
수하며, 중추(仲秋, 음력 8월)에 성곽을 쌓고 곡식 창고를 수선하며, 맹
동(孟冬, 음력 10월)에 성곽의 터진 곳을 막고 문을 단속한다.'

하지만 당시 조선 성곽의 상황은 좋지 않았다. 다산은 '각지의 성들
이 축조된 뒤 여러 해가 지나도록 돌 한 개 쌓지 않고, 벽돌 한 개 얹
지 않은 채 100년이 지나 무너져 해자를 메운다'라고 전했다.

전쟁 시 성을 쌓을 때는
백성들의 정서에 따른다

兵興敵至 臨急築城者 宜度其地勢 順其民情
병 흥 적 지 임 급 축 성 자 의 탁 기 지 세 순 기 민 정

전쟁이 일어나 적이 이르는 급박한 때를 당해 성을 쌓을 경우는
마땅히 그 지세를 살피고 백성들의 정서에 따라야 한다.

다산은 청의 침략에 대비해 솔선수범하여 성을 쌓은 민여검(閔汝
儉, 1564~1627)의 일화를 다음과 같이 전했다.

"민여검이 곽산 군수가 되었는데, 그때는 청의 변란이 임박한 시기
였다. 공(公)이 말하기를, '임금을 섬기는 데 어찌 위험하고 안전한 것
을 가리겠는가? 죽어야 할 때가 오면 죽을 뿐이다'라고 하였다. 그는
즉시 능한성을 쌓아 군(郡)의 치소(治所)로 삼았는데, 성을 쌓을 때 친
히 흙과 돌을 지고 나르니 아전과 백성들이 앞을 다투어 공사에 달려
나와 한 달을 넘기지 않고 준공하였다."

백성의 부담을 피해야 한다

城而不時 則如勿城 必以農隙 古之道也
성 이 불 시 즉 여 물 성 필 이 농 극 고 지 도 야

성을 쌓을 때가 아닌데 성을 쌓으면, 성을 쌓지 않는 것만 못하다.
반드시 농한기에 성을 쌓는 것이 옛날의 법이다.

공자는 《춘추》에서 29번 성을 쌓는 것에 대해 언급했는데, 그중 23
곳이 농한기가 아니었다고 경계했다. 다산은 이런 사실을 인용하면
서 성을 쌓을 적에 때가 묻지 않을 수 없다고 지적했다. 하지만 만약
놀고 있는 자들을 동원하여 성을 쌓도록 한다면 비록 농번기인 봄이
라도 좋다고 했다. 다산은 성을 쌓는 것뿐 아니라 다른 부역에 백성
들을 동원할 때도 농번기를 피해야 함을 강조했다.

제5조 도로(道路) : 길을 닦음

길을 잘 닦는 것도 수령의 직무다

修治道路 使行旅願出於其路 亦良牧之政也
수 치 도 로 사 행 여 원 출 어 기 로 역 양 목 지 정 야

도로를 잘 닦아 길 가는 사람들이 그 길로 다니고 싶게 만드는 것 또한 훌륭한 수령의 직무다.

길을 잘 닦는 것은 지역의 발전을 위해 필수적이다. 도로가 잘 정비되어 있어야 사람들이 그 길로 다니고 싶고, 모일 기회가 생긴다. 혈액이 잘 순환해야 몸이 건강하듯, 나라에 사람과 물자가 잘 이동할 수 있어야 발전한다. 로마제국은 어디서나 마차가 잘 다닐 수 있게 도로를 정비하면서 제국을 확장하고 부강하게 만들었다. 오늘날에도 도로를 잘 닦는 것이 발전의 시작이라고 할 수 있다.

부당한 갑질을 하지 않는다

店不傳任 嶺不擡轎 民可以息肩矣
점 부 전 임 영 부 대 교 민 가 이 식 견 의

주막집에서 짐을 져 나르지 않고, 고개에서 가마를 메게 하지 않으면
백성들이 어깨를 쉴 수 있다.

고개에서 가마를 메는 것은 괴로운 일이다. 가파른 길을 혼자 넘기에도 힘든데, 무거운 가마를 멘다는 것은 고역이었을 것이다. 원래는 사신이나 이웃 고을의 관원을 예우하는 차원에서 예외적으로 하던 것이었다. 그런데 어질지 못한 관리들이 사사로이 들에서 농사짓는 백성들을 개나 닭 몰듯 몰아세워 뺨을 치고, 머리채를 잡아채며 갖은 행패를 부려 가마를 메도록 했다. 다산은 수령은 이런 일을 알아 엄중히 금하고, '나의 아들부터 고개를 걸어서 넘게 하여야 한다'고 말했다.

아첨하려고 백성을 괴롭히지 않는다

路不鋪黃 畔不植炬 斯可曰知禮矣
노 불 포 황 반 불 식 거 사 가 왈 지 예 의

길에 황토를 깔지 않고, 길가에 횃불을 세우지 않으면,

예를 안다고 할 수 있다.

당시 임금이 지나는 길에는 황토를 깔고, 길가에 횃불을 세워 길을
밝혔다. 이렇게 하려면 백성들의 괴로움이 이만저만이 아니었다. 황
토를 운반하여 길에 깔아놓고 횃불을 세우는 데 시간과 비용이 들고,
백성의 노동력이 필요했다. 문제는 수령들이 상관인 감사에게 잘 보
이기 위해서 임금이 지나는 것이 아닌데도 그와 같이 행한 것이다.
다산은 이렇게 하는 것은 아첨이고, 그것을 받는 자는 분수에 넘치는
짓을 하는 셈이라고 비판했다.

제6조 장작(匠作) : 공산품의 제작

사사로운 물건을 제작하지 않는다

工作繁興 技巧咸萃 貪之著也
공 작 번 흥 기 교 함 췌 탐 지 저 야

雖百工具備 而絶無製造者 淸士之府也
수 백 공 구 비 이 절 무 제 조 자 청 사 지 부 야

공작을 번다하게 일으키고, 기교 있는 장인을 모으는 것은 탐욕을 드러내는 것이다. 비록 온갖 장인들이 갖추어져도 (삿된) 물건을 만들지 않는 것이 청렴한 선비의 관청이다.

수령이 장인들을 시켜 쓸데없이 많은 물건을 만들면 고을의 재정이 금세 고갈되었다. 꼭 필요한 물건이 아니라 기괴한 물건을 만드는 것은 권력이 있는 자들에게 그것을 바치고, 아첨하기 위함이었다. 다산은 민여검의 사례를 들면서, 청렴한 선비라면 물건 만들기를 자제하고, 검소해야 할 것을 주장했다. '민여검은 곽산 군수가 되었을 때 말안장이 해졌는데도 고치지 않고, 항상 갑옷을 입고 투구를 쓰고 있었다. 밤에는 베개 삼아 의지하고 누워 이마에 멍울이 생기기에 이르러도 끝내 벗지 아니하였다.'

지역의 경제활동을 돕는다

作爲農器 以勸民耕 作爲織器 以勸女功 牧之職也
작 위 농 기   이 권 민 경   작 위 직 기   이 권 여 공   목 지 직 야

농기구를 만들어 백성의 농사를 권장하고,

베 짜는 기구를 만들어 부녀자들에게 길쌈을 권장하는 것은 목민관의 직

무다.

　　다산은 수령은 게으름 피우지 말고 옛 방법을 고증하고 창의력을

발휘해서 고을의 경제 사정이 나아질 수 있게 연구해야 한다고 말했

다. 그리고 당시 농사에 도움이 되는 기구들을 소개하면서 활용을 권

했다. 용미차(龍尾車, 물을 끌어 대는 기구), 옥형(玉衡, 우물 물을 끌어올리는

기구), 홍흡(虹吸, 물의 압력을 이용해 낮은 곳의 물을 높은 곳으로 끌어올리는 기

구), 학음(鶴飮, 물을 끌어올리는 기구)을 사용하면 날이 가물었을 때 두레

박질하는 수고가 줄어들 것이라 말했다.

도량형을 통일해 불만이 없게 한다

量衡之家異戶殊 雖莫之救 諸倉諸市 宜令劃一
양 형 지 가 이 호 수 수 막 지 구 제 창 제 시 의 령 획 일

도량형이 집집마다 다른 것은 비록 바로잡을 수 없지만
모든 창고와 시장의 것은 마땅히 하나로 통일해야 한다.

당시 조선의 자와 말과 저울이 집집마다 달랐다. 한 고을에서 수령이 어찌해볼 수 있는 것이 아니었다. 하지만 다산은 담당 고을 안에서만이라도 장사하는 자들과 아전들이 쓰는 자를 모두 거둬들인 후에 기준을 통일해 자를 만들고, 상인들의 되와 창고를 지키는 관리들이 쓰는 척도를 거둬들여 중간을 취해 새 저울을 만들어야 한다고 말했다. 하지만 새로 부임하는 수령이 어지럽게 서두르면 소란해지니, 주의해야 한다고 했다.

흉년에 대비하려면

진황육조 賑荒六條

'진황(賑荒)'은 흉년이 늘었을 때
굶주린 백성을 구호하는 것에 대해 다루었다.
제1조 비자(備資)는 물자를 비축하는 것,
제2조 권분(勸分)은 부자에게 구제를 도울 것을 권하는 것,
제3조 규모(規模)는 백성을 구호하는 세부적인 계획,
제4조 설시(設施)는 구호를 계획하고 실행하는 것,
제5조 보력(補力)은 흉년에 세금을 줄이는 것과 같이
백성에게 힘을 보태는 것,
제6조 준사(竣事)는 백성의 구호 작업을 마무리하는 것이다.

제1조 비자(備資) : 물자를 비축함

흉년에 빈민을 구제하는 것이 가장 중요하다

荒政 先王之所盡心 牧民之才 於斯可見
황 정 선 왕 지 소 진 심 목 민 지 재 어 사 가 견
荒政善 而牧民之能事畢矣
황 정 선 이 목 민 지 능 사 필 의

황정(荒政)은 선왕들이 마음을 다하던 바이니, 수령의 재능이 여기에서 드러난다. 황정을 잘 펴야 수령이 해야할 일을 다 했다고 할 것이다.

흉년에 기근을 구제하는 정책을 '황정(荒政)'이라고 한다. 리더의 역량은 위기상황에서 발휘된다. 평상시라면 리더의 역량이 크게 문제되지 않는다. 하지만 위기상황에서는 상황을 빠르게 파악하고 기민하게 대처하는 리더의 역량이 필수적이다. 흉년에는 백성들이 나무껍질도 구하기 힘들어 먹지 못하고, 몸이 쇠약해져 병이 돌고, 상인은 물건을 사는 사람이 없어 곤란하고, 기예로 먹고사는 사람들은 재주를 쓸 곳이 없어 굶주린다. 현명한 수령이라면 이런 사정을 잘 헤아려 대처할 수 있어야 한다.

백성을 구제하기 위해서
미리 준비해야 한다

救荒之政 莫如乎預備 其不預備者 皆苟焉而已
구 황 지 정 막 여 호 예 비 기 불 예 비 자 개 구 언 이 이

흉년에 백성을 구제하는 정사는 미리 준비하는 것만 한 것이 없다.
미리 준비하지 않는 것은 모두 다 구차한 것이다.

　여기에서 '미리 준비한다'라는 것은 '먹을 것을 어떻게 공급해주느
냐' 하는 것이다. 가장 좋은 방법은 미리 준비하는 것이다. 예를 들어,
풍년이 들어 곡식값이 떨어졌을 때 미리 사서 비축해두었다가 흉년
에 대비한다. 혹은 지역마다 풍흉의 차이가 있으므로, 사람이나 곡식
을 운반해서 넉넉한 지역의 곡식으로 부족한 지역의 사람들을 구제
한다. 그마저도 하기 힘든 상황이면 관청의 곡식으로 죽을 쑤어 나누
어주는 것이다.

평소에 진휼을 위한 곡식을 파악한다

穀簿之中 別有賑穀 本縣所儲 有無虛實 亟宜查檢
곡 부 지 중 별 유 진 곡 본 현 소 저 유 무 허 실 극 위 사 검

곡식 현황을 기록한 장부 중에 진휼을 위한 곡식이 따로 있으니,
자기 고을에서 저축하고 있는 유무와 허실을 마땅히 자주 조사해야 한다.

수령은 흉년에 대비해 평소에 진휼을 위한 곡식을 파악해두어야
했다. 조선시대에 제도적으로는 상당히 정교하게 구제 장치를 마련
해두었다. 지역별로 진휼을 위한 창고를 두어 특정 지역에 문제가 생
기면 그곳에 비축해둔 곡식을 활용했다. 교제창(포항, 덕원, 고원, 함흥에
설치), 제민창, 산산창(김해에 설치) 등이 바로 그것이었다. 문제는 문서
상에 적힌 곡식의 양과 실제 창고에 저장된 양이 다를 수 있었다는 것
이었다. 그러니 평소에 잘 살펴 유사시에 활용할 수 있도록 관리 감
독해야 했다.

제2조 권분(勸分) : 부자에게 구제를 권함

스스로 나누도록 권한다

勸分也者 勸其自分也 勸其自分 而官之省力多矣
권 분 야 자 권 기 자 분 야 권 기 자 분 이 관 지 생 력 다 의

권분(勸分)이란, 스스로 나누어주기를 권하는 것이다.
스스로 나누어주기를 권함으로써 관의 부담이 크게 덜어진다.

'권분(勸分)'은 '흉년에 부자에게 곡식을 나누어줄 것을 권유하는 것'
으로, 최선의 방법은 아니었다. 구제의 일차적인 책임은 관청에 있었
지만, 관청에서 확보한 곡식으로 도저히 해소되지 않을 때 양민들에
게 부탁하는 방법이었다. 곤궁할 때 누구나 선뜻 나서서 자기 곡식을
내놓으려고 하지 않았을 것이다. 하지만 사람에게는 누구나 '측은지
심(惻隱之心, 남을 불쌍히 여기는 마음)'이 있어서, 관청에서 권유하면 도움
을 주는 사람도 있었다. 다산은 권분이 부자의 곡식을 강제로 빼앗는
것이 되어선 안 된다고 말했다.

권분은 신중하게 행해야 한다

勸分令出 富民魚駭 貧士蠅營
권 분 령 출 부 민 어 해 빈 사 승 영
樞機不愼 其有貪天以爲己者矣
추 기 불 신 기 유 탐 천 이 위 기 자 의

권분의 명령이 나오면
부유한 백성은 물고기처럼 놀라고 가난한 선비는 파리처럼 모여들 것이다.
큰일에 신중하지 않으면 욕심내 제 몸만 위하는 자가 있을 것이다.

다산은 권분이 강제적으로 시행되어서는 안 된다고 했지만, 실제
로 권분은 반강제적이었다. 권분의 명령이 나오면 부자들은 피하기
힘들었다. 관에서는 곤장을 쳐서라도 얼마간의 곡식을 확보하려고
했다. 그리고 먹을 것에 날파리가 몰리듯 뱀 같은 혀를 놀리는 아전
들, 선비들이 부자에게 몰려들어 자기에게 뇌물을 주면 관에 바칠 곡
식의 양을 감해주겠다고 제안했다. 그들은 실제로는 별다른 노력을
하지 않고, 수령과 담소를 나누고 와서는 부자의 뇌물을 받아 제 배를
불렸다.

굶주린 자의 것을 도둑질하면 안 된다

竊貨於飢吻之中 聲達邊徼 殃流苗裔 必不可萌於心也
절 화 어 기 문 지 중 　 성 달 변 요 　 앙 유 묘 예 　 필 불 가 맹 어 심 야

굶주린 사람의 입에서 재물을 도둑질하면

소문이 변방까지 닿고 재앙이 자손에게 미칠 것이니

도둑질할 생각이 마음속에 싹트게 해서는 안 된다.

    권분하여 생긴 곡식은 마땅히 굶주린 사람들에게 돌아가야 했지만, 그것을 아전들이 중간에서 도둑질하는 경우가 많았다. 예를 들어 굶주린 사람들의 숫자를 부풀려, 많은 양을 확보한 다음에 중간에 가로채거나, 보내는 곡식을 빼돌리는 식이었다. 다산은 아전들이 그렇게 도둑질한 재물로 뇌물을 사서 권세 있는 자에게 바치는 세태를 한탄했다. 뇌물로는 주로 각 지역에서 나는 구하기 힘든 특산품을 샀는데, 옥천의 베, 제주도의 복어, 은쟁반, 5색 대자리 등이었다고 한다.

제3조 규모(規模) : 진휼의 세부 계획

진휼에는 시기와 규모를 고려해야 한다

賑有二觀 一日及期 二日有模 救焚拯溺 其可以玩機乎
진 유 이 관 일 왈 급 기 이 왈 유 모 구 분 증 닉 기 가 이 완 기 호
馭衆平物 其可以無模乎
어 중 평 물 기 가 이 무 모 호

진휼에 두 가지 관점이 있다. 첫째는 시기를 맞추는 것이요, 둘째는 규모가
있어야 한다. 불에 타는 사람을 구하고 물에 빠진 사람을 건짐과 같은데, 어
찌 시기를 늦출 수 있겠는가? 뭇 사람을 다스리고 물자를 고르게 하는데 어
찌 규모가 없을 수 있겠는가?

수령은 어려움을 겪는 백성들의 상황에 맞게 최대한 빠르고 적절
한 도움을 주어야 했다. 심각하게 굶주려 죽어가고 있는 사람에게는
바로 죽을 먹이고, 병든 사람에게는 약을 주는 것이 가장 시급했다.
죽은 사람은 묻어주고, 버려진 아이는 거두어 길러주어야 했다. 다산
은 부자들이 돈을 내면 곡식을 사서 백성에게 나눠주는 당시의 권분
방법이 비효율적이라고 봤다. 그래서 부자들이 직접 곡식을 내놓고
백성들이 가져가도록 할 것을 주장했다.

유사시를 위해 쌀을 사들여라

若夫賑糶之法 國典所無 縣令有私糴之米 亦可行也
약 부 진 조 지 법 국 전 소 무 현 령 유 사 적 지 미 역 가 행 야

진조(賑糶)의 법은 나라의 법전에는 없지만,

현령이 사사로이 사들인 쌀이 있으면 또한 시행하는 것이 좋다.

다산은 아전들의 비리로 엉망이 된 환곡 제도의 실태를 신랄하게
비판했다. 본래 환곡 제도는 백성들이 굶주리기 쉬운 봄에 곡식을 꾸
어주었다가 가을에 돌려받는 제도였다. 그런데 아전들이 그 곡식을
다 도둑질해버려 실제로 흉년이 되면 나눠줄 곡식이 없었다. 다산은
이렇게 비리를 저지르는 아전들에 대해 '이들을 죽이려 해도 이루 다
죽일 수가 없다'고 말했다. 수령이 흙이 섞인 곡식만으로 백성을 구제
할 수 없으니, 어쩔 수 없이 사사로이 곡식을 사들여놨다가 흉년에 백
성에게 나누어주라는 것이다.

모두가 같은 백성이다

仁人之爲賑也 哀之而已 自他流者受之 自我流者留之
인인지위진야 애지이이 자타류자수지 자아류자유지

無此疆爾界也
무차강이계야

어진 사람이 진휼하는 것은 백성을 불쌍히 여길 뿐이다.
타지에서 흘러 들어오는 자는 받아들이고
이곳에서 다른 곳으로 가는 자는 머물게 하여
내 고을과 남의 고을의 경계를 따지지 않는다.

오늘날 일반 국민이 공무원들에게 가장 큰 불만을 가지는 것 중 하나는 '관할, 소관' 운운하는 것이다. 민원인은 다급한 마음에 도움을 구하려고 연락을 하면 '우리 관할이 아니라, 제 소관이 아니라'고 하면서 전화만 몇 차례 여기저기 빙빙 돌리는 경우가 있다. 물론 담당하는 업무의 경계는 중요하지만, 사안이 시급한 경우에는 바로 도움을 주는 것이 좋지 않을까? 다산은 백성들이 곤란을 겪을 때는 고을의 경계를 따지지 말고, 불쌍히 여겨 적극적으로 도움을 주어야 한다고 말했다.

제4조 설시(設施) : 진휼의 일을 계획하고 실행함

유리걸식하는 사람을 보살펴야 한다

流乞者 天下之窮民 而無告者也
유 걸 자 천 하 지 궁 민 이 무 고 자 야

仁牧之所盡心 不可忽也
인 목 지 소 진 심 불 가 홀 야

유리걸식하는 사람은 천하의 궁민(窮民)으로서 호소할 데가 없는 자이다.
어진 목민관은 마음을 다할 바이고 소홀히 해서는 안 된다.

유리걸식하는 자, 즉 거지들도 원래는 양민이었다. 풍년에는 없다
가 흉년에 양민이 거지가 되었다. 다산은 수령된 자가 이런 사람들을
돌보아야 한다고 주장했다. 어질지 못하게 '거지는 쓸데없는 물건으
로 하늘이 버린 바요, 국가에 필요 없는 것이다. 게을러서 생업이 없
고 도둑질하는 것이 천성이다. 이들을 보살펴 주더라도 곡식만 허비
할 뿐이고, 결국 모두 죽게 되니 수고롭기만 하다. 차라리 몹시 곤궁
하게 하여 속히 죽도록 하는 것만 같지 못하다. 거지 자신들도 슬플
것이 없고 나라에서도 아까울 것이 없다'라고 말하는 것에 대해 탄식
했다.

흉년에는 전염병을 대비한다

饑饉之年 必有癘疫 其救療之方 收瘞之政 益宜盡心
기근지년 필유여역 기구료지방 수예지정 익의진심

흉년으로 굶주리는 해에는 반드시 전염병이 있는 법이니,

그 구제하고 치료하는 방법과 거두어 매장하는 일에 더욱 마음을 써야 한다.

다산은 흉년에 전염병이 돌면 수령이 마치 자식을 돌보듯이 직접 나가 백성들을 돌볼 것을 권했다. 10일에 한 번씩 나가 고을을 순행하면서 사정을 직접 눈으로 살피고, 그 형편을 직접 물어보라는 것이다. 그리고 병에 걸린 사람이 있는 집에 직접 들어가 위로하고, 상을 당한 집에도 들어가 매장하는 것을 조사하기도 해야 한다고 했다. 슬프고 불쌍히 여기는 간절한 마음은 직접 눈으로 보고, 귀로 들어야 느껴지는 것이다. 어려움이 있을 때 리더는 가만히 방구석에 앉아만 있어서는 안 될 것이다.

부유한 집에서
버려진 아이를 기르도록 한다

嬰孩遺棄者 養之爲子女 童穉流離者 養之爲奴婢
영 해 유 기 자 양 지 위 자 녀 동 치 유 리 자 양 지 위 노 비

竝宜申明國法 曉諭上戶
병 의 신 명 국 법 효 유 상 호

버려진 갓난아이는 길러서 자녀로 삼고,

떠돌아다니는 어린이는 길러서 노비로 삼는다.

모두 마땅히 국법을 밝혀 부유한 집에 알아듣도록 일러주어야 한다.

　　다산은 버려진 아이를 거두어 길렀을 때 신분에 관한 국법을 전해
주었다. 이것은 숙종 때 민진후의 건의에 따른 것인데 그 내용을 소
개해보면 다음과 같다. '죽을 아이를 거두어 기른 지 40일 이상이 된
자 중 15세 이하는 자손까지 모두 노비로 삼고, 16세 이상은 당사자
에 한해 노비로 삼는다. 거두어 기른 지 40일 이하인 자는 당사자에
한해 노비로 삼는다.' 다산은 또한, 버려져서 노비가 된 아이 중 사족
(士族)의 자녀에 대해서는 관에서 돈을 내어 양민이 되게 하는 음덕을
베풀 것을 권장했다.

제5조 보력(補力) : 흉년에 백성에게 힘을 보탬

쌀농사가 흉년이면 다른 곡식을 심게 한다

歲事旣判 宜飭水田代爲旱田 旱播他穀 及秋 申勸種麥
세 사 기 판 의 칙 수 전 대 위 한 전 한 파 타 곡 급 추 신 권 종 맥

농사가 흉작으로 이미 판명되면,

마땅히 백성을 타일러 논을 밭으로 대신하여,

일찍 다른 곡식을 뿌리도록 하고, 가을이 되면 보리를 갈도록 거듭 권한다.

다산은 크게 가물어 논농사를 할 수 없는 해에는 수령이 백성들에게 논을 갈아엎어서 밭농사를 짓도록 해야 한다고 말했다. 또한, 백성들에게 가물 때를 대비해 차조, 메밀, 콩과 같은 종자를 비축해둘 것을 권장해야 한다고 했다. 백성들이 잘 대비하지 않는 경향이 있으니 수령이 권해야 한다는 것을 사례를 통해 강조했다. '순조 14년 (1814년) 여름 한재로, 현령이 차조를 갈도록 권했지만, 종자가 오직 장흥 김씨 집에만 300두가 있었다. 이것을 팔고 나니, 450냥이 되었다. 그 원래값은 30냥에 지나지 않았다. 백성들이 이 일을 보고도 그 뒤에도 저축하는 자가 없었다.'

술 담그는 것을 금할 수는 없다

糜穀莫如酒醴 酒禁未可已也
미 곡 막 여 주 례   주 금 미 가 이 야

곡식을 소모하는 것으로는 술보다 더한 것이 없으나,

술을 금지할 수는 없는 일이다.

인간의 욕망을 완전히 무시할 수는 없다. 인간의 욕망을 완전히 무시하면 잘못된 정책을 펴게 된다. 누구나 술마시고 즐기고 싶은 욕구가 있다. 그것을 무조건 금지해버리면 병통이 생긴다. 다산은 사람의 욕망을 인정했고, 술을 완전히 금할 수는 없다고 보았다. 하지만 흉년에 술을 많이 담는 것을 허용하면 곡식이 모자랄 수 있으니 그것은 금하고, 오직 즐기는 용도로 쓰이는 소주를 만드는 것도 금하는 것이 좋다고 보았다. 다만, 막걸리는 주린 배를 채워주고, 길 가는 사람에게도 도움이 되니 엄금할 것은 아니라고 말했다.

흉년에는 세금을 줄인다

薄征已責 先王之法也
박 정 이 책 선 왕 지 법 야

세금을 줄이고 공채를 탕감하는 것이 옛 어진 왕들의 법이었다.

흉년에도 똑같이 세금을 거두면 백성들이 버티지 못한다. 다산은 수령이 벌을 받는 한이 있더라도 백성들의 고통에 눈감지 말아야 한다고 강조했다. 친절하게 상부에 보고하는 문서의 예시도 들어주었는데 그 내용은 다음과 같다. '상부의 명령을 공손히 따르려 하지 않는 것은 아닙니다. 허나 아랫사람들의 상황이 실로 억지로 독촉할 수 없습니다. 살을 깎는다고 해도 겨 하나 얻기 어렵고 뼈를 두드려도 곡식 한 알 나오지 않을 상황이니, 현령이 어찌하겠습니까. 죄와 벌이 내려지는 것은 진실로 두려운 바이지만, 울부짖는 것이 보기에 참혹한데 어떻게 악을 쌓겠습니까?'

제6조 준사(竣事) : 진휼을 마침

진휼의 전 과정을 점검한다

賑事將畢 點檢始終 所犯罪過 一一省察
진 사 장 필 점 검 시 종 소 범 죄 과 일 일 성 찰

진휼의 일을 끝낼 때는 처음부터 끝까지 점검하여,
죄와 허물을 일일이 반성하고 살펴야 한다.

다산은 수령이 자기를 잘 돌아보고 허물이 없는지 살필 것을 권했다. 다산은 사람이 두려워해야 할 세 가지를 제시했다. 첫째는 백성, 둘째는 하늘, 셋째는 자기 마음이다. 아무리 간사한 말로 꾸며대도 백성들은 수령의 잘못을 다 안다. 자기 죄를 알려면 백성들에게 물어보면 알 수 있다. 그리고 하늘은 무슨 짓을 해도 속일 수 없다. 또한, 자기 마음, 즉 양심에 어긋나는 생각과 행동은 자기가 잘 알기 때문에 자기 마음도 절대 속일 수 없다. 다산은 수령이 이 세 가지를 두려워하면서 정사를 펼쳐야 한다는 것을 강조했다.

진휼의 노고를 위로하되
성대하게 하지 않는다

芒種之日 旣罷賑場 乃設罷賑之宴 不用妓樂
망 종 지 일 기 파 진 장 내 설 파 진 지 연 불 용 기 악

망종(芒種, 24절기의 하나로 6월 초)일에 진장(賑場)을 파하고,
곧 파진연을 베풀되, 기생과 풍악은 쓰지 않는다.

'파진연(罷賑宴)'은 큰일을 마친 뒤에 수고한 사람들을 위로하는 연
회를 말한다. 경사스럽고 기쁜 일이 있어서 하는 잔치가 아니었기 때
문에 간소하게 하는 것이 상식이었다. 특히 흉년에 백성들이 배고픔
과 병으로 죽어, 시체를 다 매장하지도 못하고, 여기저기 병에 걸린
자가 신음하고, 여전히 배고픈 백성이 많은 상황에서 풍악을 울리면
서 잔치를 했다가는 백성들의 원망을 피할 수 없었을 것이다. 생각이
있는 수령이라면 간소하게 노고를 치하하는 정도로 파진연을 주관했
을 것이다.

흉년에는 백성을 편안하게 해주어야 한다

大饑之餘 民之綿綴 如大病之餘 元氣未復 撫綏安集
대 기 지 여 민 지 면 철 여 대 병 지 여 원 기 미 복 무 수 안 집
不可忽也
불 가 홀 야

큰 흉년이 든 뒤 백성들의 기진함이

마치 큰 병을 치른 뒤 원기가 회복되지 않은 것과 같으니,

어루만져 편안하게 안정케 하는 것을 소홀히 해서는 안 된다.

흉년이 든 뒤에 백성들은 빈사 상태였을 것이다. 배는 고프고, 돈은 없고, 병에 걸렸다가 겨우 회복되어 기력이 없는 상태인 것이다. 이때 수령은 백성들을 번거롭게 하는 일을 벌이지 말고 안정되도록 도와야 했다. 그 대표적인 방법은 곡식을 나누어주고, 농사짓도록 소를 지원해주거나, 세금을 감면해주고, 빚을 탕감해주는 것이었다. 다산은 마치 큰 병에 걸렸다가 기운을 회복하는 사람을 돕듯이 수령이 백성들의 생활이 안정되도록 세심하게 돌보아야 한다고 말했다.

존경 속에서 물러나려면

해관육조 解官六條

'해관(解官)'은 수령이 해임되거나 이동하게 되어
임지를 떠날 때 지켜야 할 것에 대해 다루었다.
제1조 체대(遞代)는 관직이 교체되는 것,
제2조 귀장(歸裝)은 수령이 돌아갈 때의 행장에 관한 것,
제3조 원류(願留)는 백성들이 수령이 더 머무를 것을 원하는 것,
제4조 걸유(乞宥)는 백성들이 수령을 사랑하여,
수령의 잘못을 용서해주기를 비는 것,
제5조 은졸(隱卒)은 수령이 임지에서 사망하는 것,
제6조 유애(遺愛)는 사랑을 남겨 백성들이 그를 기리는 것이다.

제1조 체대(遞代) : 관직이 교체됨

관직이 교체되어도 미련을 두지 않는다

官必有遞 遞而不驚 失而不戀 民斯敬之矣
관 필 유 체 체 이 불 경 실 이 불 련 민 사 경 지 의

관직은 반드시 교체되는 것이다.
교체되어도 놀라지 않고 벼슬을 잃어도 미련을 두지 않으면 백성들이 공경
한다.

'관원 생활은 품팔이 생활'이라는 말이 있다. 아침에 승진했더라도
저녁에 파면될 수 있는 것이 공직이다. 어리석은 사람은 관직을 맡으
면 그것이 마치 자기 소유인 것처럼 여기고 오래 누리려고 한다. 그
러다가 하루아침에 파면되면 아랫사람들에게 당황하는 기색을 숨기
지 못하고, 한숨 쉰다. 그 모습을 보는 부하들은 겉으로는 위로하겠
지만 속으로는 자리에 연연하는 그 사람을 비웃게 마련이다. 그 자리
만 잃는 것이 아니라 비웃음까지 당하게 되니 서글픈 일이다. 현명한
사람은 관직을 잠깐 맡았다가 떠나는 것으로 알아야 한다.

언제라도 떠날 준비를 한다

治簿有素 明日遂行 淸士之風也
치 부 유 소　명 일 수 행　청 사 지 풍 야

勘簿廉明 俾無後患 智士之行也
감 부 염 명　비 무 후 환　지 사 지 행 야

평소에 서류를 정리해두어 (해임되면) 다음 날 곧 떠나는 것은 맑은 선비의
기풍이다.
장부를 청렴하고 밝게 마감하여 후환이 없게 하는 것은 지혜로운 선비의
행동이다.

언제라도 떠날 준비를 해두는 리더는 멋지고 우아하다. 다산은 '어
진 수령이라면 관아를 여관처럼 여겨야 한다'라고 말한다. 주기적으
로 문서를 잘 정리하여 재정적으로나 업무적으로 깔끔하게 정리를 해
두면 갑자기 파면되더라도 짧은 시간에 업무를 잘 마감하고 떠날 수
있다. 업무를 제대로 인계하지 않고 떠밀리듯, 도망치듯 떠나는 사람
은 두고두고 원망을 듣는다. 후임자는 정리되지 않은 일과 자료를 정
리하느라 많은 고생을 하게 되고, 일에도 누수가 생길 수밖에 없기 때
문이다.

사람들의 마음을 얻는 것은
지극한 영광이다

父老相送 飮餞于郊 如嬰失母 情見于辭 亦人世之至榮也
부 로 상 송   음 전 우 교   여 영 실 모   정 견 우 사   역 인 세 지 지 영 야

나이 지긋한 어른들이 교외까지 술을 권하며 전송하고

어린아이가 어머니를 잃은 것 같이 정겨움이 인사말에 드러나는 것은

인간 세상의 지극한 영광이다.

맡았던 직책을 내려놓고 떠날 때, 함께 했던 사람들이 멀리까지 배
웅해주고, 진심으로 아쉬워한다면 그만큼 큰 영광이 없을 것이다. 사
무적으로 자기 할 일만 한 게 아니라 다른 이들의 마음을 얻었다는 증
거이기 때문이다. 반대로 떠날 때 사람들이 전혀 아쉬워하지 않거나,
욕을 한다면, 그만큼 치욕스러운 일이 없을 것이다. 일하면서 얻는
보람은 높은 급여가 아니다. 귀한 것은 사람을 얻는 것이 아닐까?

제2조 귀장(歸裝) : 돌아가는 행장

돌아갈 때의 행장은 맑고 깨끗하게 한다

清士歸裝 脫然瀟灑 敝車羸馬 其清飆襲人
청 사 귀 장 탈 연 소 쇄 패 거 이 마 기 청 표 습 인

맑은 선비가 돌아갈 때의 행장은 맑고 깨끗하여
낡은 수레와 비쩍 마른 말이라도 그 맑은 바람이 사람들에게 스며든다.

이 글을 읽으면 비쩍 마른 말 위에 도포 입은 선비가 앉아 있고, 뒤에 낡은 수레에 책과 간단한 행장이 실린 모습이 떠오른다. 선비가 일을 마치고 돌아갈 때 행장은 담박하게 해야 한다. 다산은 육장원(陸長源, 당나라 현종 때 인물)이 여주 자사를 지내다 떠날 때의 사례를 들어 맑은 선비의 기풍을 전했다. 육장원이 여주를 떠날 때 짐이 2대의 수레에 가득 찼다. 이것을 보고 위주 태수였던 자기 조부에 빗대어, "조부님은 위주를 떠날 때 수레가 1대에 책이 그 절반을 차지했으니, 내가 훨씬 미치지 못한다"라고 탄식했다.

물건을 함부로 버려
청렴함을 드러내려 하지 말라

若夫投淵擲火 暴殄天物 以自鳴其廉潔者
약 부 투 연 척 화 폭 진 천 물 이 자 명 기 염 결 자
斯又不合於天理也
사 우 불 합 어 천 리 야

무릇 물건을 못에 던지고 불에 던지는 것과 같이

하늘이 낸 물건을 함부로 버림으로써 자신의 청렴결백을 드러내려는 행

동은 천리에 맞지 않는 것이다.

부임지를 떠나면서 굳이 가지고 있던 물건을 망가뜨리거나 버리면
서 자기의 청렴함을 과시할 필요는 없다. 이미 그 물건을 받아서 가
지고 있었던 것 자체로 수준이 다 드러났는데, 물건마저 쓰지 못하게
훼손할 필요가 없는 것이다. 만약 자기가 아니라 가족들이 부정하게
뇌물을 받거나 사치스럽게 많은 물건을 갖고 있다고 하더라도, 버리
면서 자기의 청렴함을 드러내는 것보다는 주변에 형편이 어려운 사
람들에게 나누어주는 것이 낫다.

벼슬하기 전과 같이 검소한 것이 으뜸이다

歸而無物 淸素如昔 上也 設爲方便 以贍宗族 次也
귀 이 무 물   청 소 여 석   상 야   설 위 방 편   이 섬 종 족   차 야

집에 돌아와 재물이 없어 검소하기가 전과 같은 것이 으뜸이고
방편을 마련하여 가족들을 넉넉하게 해주는 것은 그다음이다.

높은 벼슬을 하면서 녹봉을 많이 받고 검소하게 생활한다면 가정
형편이 넉넉해질 수도 있다. 그러니 벼슬하면서 부자가 되는 것이 나
쁜 것만은 아니다. 여기서 다산은 당시 조선의 많은 관리가 벼슬을
사리사욕을 채우는 데 이용하는 경우가 많아 경계한 것이다. 몇 년
수령 노릇을 하면서 갑자기 부를 쌓았다면, 분명 백성들의 세세한 사
정을 돌보지 않고 아전들에게 놀아나거나, 수령 스스로 부정을 저질
렀기 때문이었다. 집안을 일으켜 세우고 빈궁한 친척을 돕는 것도 좋
은 일이지만, 불의한 재물을 얻으면 자손에게 원한의 빚을 물려주는
셈이다.

제3조 원류(願留) : 더 머무를 것을 원함

백성이 수령의 떠나감을
아쉬워하는 일은 아름답다

惜去之切 遮道願留 流輝史冊 以照後世
석 거 지 절 차 도 원 류 유 휘 사 책 이 조 후 세

非聲貌之所能爲也
비 성 모 지 소 능 위 야

(백성들이 수령의) 떠나감을 애석하게 여김이 간절하여 길을 막고 머무르기
를 원하는 것은 그 빛이 역사에 전해져 후세를 밝힌다.
이것은 말과 형식으로만 되는 것이 아니다.

백성들이 수령이 떠나가는 길을 막고 유임하기를 간청한다면 선정
을 잘 펼쳤기 때문이다. 조정에서 인사 명령을 냈다고 하더라도 고을
의 많은 백성들이 수령이 남아 있기를 간청하면 그것을 허락해주는
사례가 있었다. 고려시대 문신 왕해(王諧, ?~1246)가 진주 부사로서 덕
치를 펼쳐, 아전과 백성들이 따랐는데, 그가 전임하게 되자 진주 백성
들이 조정에 1년 더 유임해줄 것을 간청했다. 이에 고려 조정은 1년
유임을 허락해주었다.

백성이 원하는 것이 수령의 가치다

聲名所達 或鄰郡乞借 或二邑相爭 此賢牧之光價也
성 명 소 달 혹 인 군 걸 차 혹 이 읍 상 쟁 차 현 목 지 광 가 야

명성이 드러나 이웃 고을에서 모시기를 청하거나,

혹은 두 고을이 서로 얻기를 다투면

이것은 어진 수령의 빛나는 가치이다.

'낭중지추(囊中之錐, 주머니 속의 송곳, 뛰어난 사람은 두각을 나타낸다는 뜻)'라는 말이 있듯이, 뛰어난 사람은 드러나게 되어 있다. 사람 보는 눈은 대개 비슷하다. 사람들이 진심으로 따르는 리더는 누구나 따르고 싶기 마련이다. 조선 현종 때 문신 이정악은 서산 군수를 지낼 적에, 임금이 온천에 행차할 때마다 고을에서 감당할 부역과 비용을 최소화하고 백성들에게 고통을 전가하지 않았다. 그가 파주 목사로 이동하게 되자, 서산 사람들이 '어찌 여기서 빼앗아서 저기에 주는 것인가'라고 하면서 애통하게 여겼다.

민심을 거짓으로 꾸미지 않아야 한다

陰與吏謀 誘動奸民
음 여 리 모 유 동 간 민
使之詣闕而乞留者 欺君罔上 厥罪甚大
사 지 예 궐 이 걸 류 자 기 군 망 상 궐 죄 심 대

몰래 아전과 함께 모의하여 간사한 백성을 꾀어내어

대궐에 나아가 유임을 빌게 하는 것은

임금을 기만하고 윗사람을 속이는 것이니 그 죄가 심히 크다.

전관의 유임을 간청하는 것은 어디까지나 백성들이 자발적으로 수령이 남아 있기를 원할 때 이루어지는 것이라야 한다. 이를 악용하여 백성들을 사주하거나 돈으로 매수해 자신의 유임을 거짓으로 간청하게 하는 사례도 있었다. 명나라 선종 때 유적(劉迪)이라는 관리는 임기가 끝나가자 노인들을 초대해 술과 고기를 대접해 조정에 자신의 유임을 청하도록 했다. 이것이 뒤에 발각되어 벌을 받게 되었다. 어리석은 자의 욕심은 끝이 없다.

제4조 걸유(乞宥) : 용서를 빎

백성이 원하면 수령의 죄를 용서해준다

文法所坐 黎民哀之 相率籲天 冀宥其罪者 前古之善俗也
문 법 소 좌 여 민 애 지 상 솔 유 천 기 유 기 죄 자 전 고 지 선 속 야

수령이 법에 저촉된 것을 백성들이 불쌍히 여겨
서로 이끌고 임금에게 호소하여 그 죄를 용서하기를 바라는 것은 옛날의
좋은 풍속이었다.

아무리 훌륭한 수령이라도 법이나 상관의 명령에 저촉되는 행동을
할 수 있다. 평소 인품이 뛰어나고 존경을 받는 사람이라면 백성들이
그를 구제해주려고 용서를 바랄 것이다. 다산이 살던 시대는 당파 싸
움이 치열하던 때였다. 청렴한 선비도 작은 일로 꼬투리 잡혀 모함을
받는 일이 비일비재했다. 그런데 문제는 백성들이 하소연하면 그들
까지 붕당의 논리로 엮어서 벌을 주는 것이었다. 그래서 백성들이 수
령을 불쌍히 여기면서도 차마 속죄해줄 것을 입 밖으로 내지 못하는
경우가 많았다.

제5조 은졸(隱卒) : 임지에서 죽음

죽을 때 맑은 덕이 드러난다

在官身沒而淸芬益烈 吏民愛悼
재 관 신 몰 이 청 분 익 렬 이 민 애 도
攀輀號咷 旣久而不能忘者 賢牧之有終也
반 이 호 도 기 구 이 불 능 망 자 현 목 지 유 종 야

수령이 관에서 죽어 맑은 덕이 더욱 빛나, 아전과 백성이 슬퍼하여
상여를 붙잡고 울부짖고, 오래도록 잊지 못하는 것은 어진 수령의 유종의
미다.

수령이 임지에서 임기를 마치지 못하고 죽는 것을 은졸(隱卒)이라
고 한다. 숙종 때의 문신 윤형래(尹亨來, 1640~1692)는 회인(충청북도 보
은 지역) 현감으로 있으면서 인자하게 정사를 처리해, 백성들이 부모
처럼 의지하고 따랐다. 윤형래가 병이 위독할 때에 백성들이 햇곡식
을 들고 와 "새로 난 것인데 혹 맛보시겠습니까" 하고 바쳤는데 윤형
래가 모두 돌려보내도 머뭇거리며 돌아가지 않는 사람이 많았다고
한다. 다산은 백성들에게 사랑받으며 잊히지 않는 것을 미덕으로 여
겼다.

위독하면 거처를 옮겨 폐가 되지 않게 한다

寢疾旣病 宜卽遷居 不可考終于政堂 以爲人厭惡
침 질 기 병 의 즉 천 거 불 가 고 종 우 정 당 이 위 인 염 오

오래 병으로 누워 위독하면 마땅히 즉시 거처를 옮겨야 한다.
공무를 보는 정당에서 운명하여 다른 사람들이 싫어하는 바가 되어서는 안
된다.

공무를 보는 장소에서 죽음을 맞이하는 것이 당사자에게는 영광이
될 수도 있겠지만, 남은 사람들에게는 상서롭지 못한 사건으로 여겨
질 수 있다. 특히 조선시대에는 미신이 널리 퍼져 있었기 때문에 관
청에서 수령이 잇달아 죽음을 맞이하거나 하면 불길하게 여겼다. 후
임으로 온 수령이 관청에서 지내지 않고 민가로 거처를 옮기기도 했
다. 공직에 있는 사람은 먼저 자신의 몸 상태를 잘 살펴서 적절하게
처신해야 한다.

잘 다스렸다는 명성이 퍼지게 한다

治聲旣轟 常有異聞 爲人所誦
치 성 기 굉 상 유 이 문 위 인 소 송

다스림의 명성이 널리 퍼지면 항상 특이한 소문이 나서 사람들이 칭송하게
된다.

　사람들은 뛰어난 인물이 태어날 때나 죽을 때 예사롭지 않은 일이
있었다는 이야기를 만들어 내곤 한다. 고구려를 건국한 주몽의 난생
설화 같은 것이 그 예이다. 다산은 고을을 잘 다스려 명성이 있는 사
람에게는 죽음과 관련해서도 특이한 소문이 퍼져 칭송한다고 하면서
재미있는 사례를 소개했다. '형주 자사였던 왕업은 덕으로 잘 다스렸
다. 그가 죽은 뒤 흰 호랑이 세 마리가 머리를 숙이고 꼬리를 끌며 밤
새워 상여를 호위하다가 고을 경계를 넘어가니 사라졌다.'

제6조 유애(遺愛) : 사랑을 남김

옛 백성들이 반갑게 맞아주는
영광을 누려라

旣去之久 再過玆邦 遺黎歡迎 壺簞滿前 亦僕御有光
기 거 지 구　재 과 자 방　유 려 환 영　호 단 만 전　역 복 어 유 광

이미 떠난 지 오랜 뒤에 다시 그 고을을 지날 때,

백성들이 반갑게 맞아 주고 술병과 도시락이 앞에 가득하면

말몰이꾼까지도 빛이 난다.

떠난 뒤에도 함께 지냈던 사람들이 사랑해주는 것은 큰 영광이다. 다산은 이와 관련해서 여러 가지 사례를 말한다. 그 고을을 지날 때 사람들이 잊지 않고 반갑게 맞이해주는 것, 수령이 죽은 뒤에 사당을 세우고 제사를 지내주는 것, 백성들이 자발적으로 선정비를 세워주는 것, 수령이 재임 시에 심은 수목을 베지 않고 아끼는 것, 수령의 이름을 따서 자식의 이름을 짓는 것 등이다.

남모르게 선정을 베풀면 떠난 후 기억한다

居無赫譽 去而後思 其唯不伐而陰善之乎
거 무 혁 예 거 이 후 사 거 유 불 벌 이 음 선 지 호

수령으로 있을 때 혁혁한 명예가 없었으나, 떠난 뒤에 백성들이 사모하는
것은 그가 공을 자랑하지 않고 남모르게 선정을 베풀었기 때문일 것이다.

꼭 이름이 난다고 해서 빛나는 업적을 쌓은 것은 아니다. 작은 일
을 해놓고도 자기 홍보에 뛰어나 마치 대단한 일을 한 것처럼 떠벌이
는 사람도 있고, 그렇지 않은 사람도 있는 것이다. 성과를 과시하기
위한 전시 행정에 힘쓰고, 떠들썩하게 '있어 보이게' 홍보를 일삼는 리
더는 실속이 없다. 일을 맡았을 때는 크게 명성이 없더라도 떠난 뒤
에 사람들이 그를 그리워하고, 덕을 칭송한다면 드러나지 않게 선정
을 베푼 것이다. 남모르게 선정을 베풀면 떠난 후에 기억한다.

어진 사람이 가는 곳에 사람이 따른다

仁人所適 從者如市 歸而有隨 德之驗也
인 인 소 적 종 자 여 시 귀 이 유 수 덕 지 험 야

어진 사람이 가는 곳에 따르는 자가 시장과 같고,
돌아와도 따르는 자가 있다는 것은 덕이 있다는 증거다.

동양 문화권에서는 리더가 가져야 할 덕목 중에서 '덕(德)'을 가장 중요하게 생각한다. 《삼국지연의》를 보면 적벽대전 식선 유비기 丕조에게 쫓길 때 유비의 덕을 흠모해 수많은 백성들이 피난길에 동행하는 장면이 나온다. 다산도 당(唐) 말기의 후량, 후당, 후진, 후한, 후주의 역사서 《오대사》를 인용하면서 비슷한 이야기를 전한다. 오월(吳越)의 현(俔)이 고을을 잘 다스려 정치의 교화가 두루 미치니 백성들이 존경했다. 그가 다른 곳으로 발령이 나자, 기존 고을의 사람들이 가족들과 함께 따라 이동했다고 한다.

살면서 꼭 한 번은 목민심서

초판 발행	2022년 7월 20일
지은이	임성훈
펴낸곳	다른상상
등록번호	제399-2018-000014호
전화	02)3661-5964
팩스	02)6008-5964
전자우편	darunsangsang@naver.com
ISBN	979-11-90312-64-6 03190

독자 여러분의 책에 관한 아이디어나 원고 투고를 설레는 마음으로 기다리고 있습니다.
이메일로 간단한 개요와 취지, 연락처를 보내주세요. 독자님과 함께하겠습니다.